4e

Réussir au collège

Rédaction

Morgan SENAN

hachette
ÉDUCATION

Maquette de couverture : **Karine Nayé**
Maquette et mise en pages : Médiamax
Illustrations intérieures : **Sylvie Eder**

ISBN 978-2-01-160886-4

43, quai de Grenelle, 75905 Paris Cedex 15.

www.hachette-education.com

Sommaire

Avant-propos

À qui cet ouvrage s'adresse-t-il ?

Cet ouvrage s'adresse aux élèves de la classe de quatrième qui veulent s'entraîner à l'expression écrite.

Dans la mesure où il est d'usage d'exercer les élèves de quatrième aux travaux de la classe de troisième, et notamment au brevet, il nous a paru intéressant et productif de proposer un entraînement à la technique des sujets du brevet. C'est la raison pour laquelle les sujets sont empruntés aux annales du brevet.

Rappel : le sujet de rédaction du brevet

L'épreuve est organisée ainsi :

Première partie (1 h 30) : On distribue aux candidats un texte de vingt à trente lignes écrit par un auteur de langue française. Ce texte est accompagné de questions (notées sur 15 points), d'un exercice de réécriture (noté sur 4 points) et d'une dictée (notée sur 6 points).

Seconde partie (1 h 30) : Le sujet de rédaction proposé prend appui sur le texte de la première partie. Il peut être un sujet d'imagination ou de réflexion. Vous devez connaître les différents genres de texte (narration, description, explication, argumentation...) et savoir utiliser et combiner ces différentes formes de discours. (La rédaction est notée sur 15 points.)

Quelles sont les différentes parties de cet ouvrage ?

Cet ouvrage se compose de quatre parties.

1. Des pages de méthodologie vous fournissent des conseils pour traiter les types de sujet. Ces pages vous permettront de comprendre parfaitement ce qui vous est demandé pour chaque type de sujet. Elles vous aideront à acquérir une méthode pour mieux réussir, quelle que soit la formulation utilisée pour la consigne des exercices ou le thème d'étude proposé à votre réflexion.

2. Dix séquences sont consacrées aux types de sujets d'imagination, et dix autres aux types de sujets de réflexion.

Ces séquences vous placent dans des conditions réelles puisqu'elles sont organisées à partir d'authentiques sujets du brevet.

Les séquences s'organisent ainsi :

- **Page 1 : un texte de base,** extrait de la littérature.
- **Page 2 : « Compréhension du texte » ;** une batterie de questions vous permet de comprendre le texte en lui-même et aussi par rapport au sujet à traiter.
- **Pages 3 et 4 : « Le sujet du brevet » ;** un entraînement à la rédaction qui respecte les différentes étapes de votre travail et vous assiste, chronologiquement, dans votre réflexion.

Au cours du travail préparatoire, les rubriques suivantes vous aident à élaborer votre réflexion :

- **Analyse du sujet ;**
- **Conseils et écueils ;**
- **Recherche des idées et élaboration du plan.**

Pour les types de sujets d'imagination, un exemple de rédaction, sous forme d'un devoir intégralement ou partiellement rédigé, vous est proposé.

Pour les types de sujets de réflexion, des exercices d'entraînement concernant les différentes parties du devoir (introduction, développement, conclusion) vous sont proposés. Faire les exercices et rédiger vos réponses vous conduit naturellement à élaborer le devoir.

3. Quatre doubles pages de « Révisions » vous permettent de vérifier ce que vous avez compris et retenu, mais aussi de tester votre culture générale. Quand vous aurez répondu aux questions de ces séquences d'évaluation, vous vous corrigerez en vous reportant aux réponses fournies en fin de volume et vous vous noterez grâce au barème qui vous est fourni.

4. Des corrigés exhaustifs de tous les exercices proposés dans le volume sont placés à la fin de cet ouvrage.

Comment organiser votre travail ?

Il est nécessaire que vous disposiez d'un cahier () pour répondre aux questions ainsi que pour préparer et rédiger votre rédaction.

1. Consacrez autant de temps qu'il sera nécessaire à comprendre la méthode avec laquelle vous devez travailler en étudiant très attentivement les pages de méthodologie : 6-7 et 52 à 55. Il est naturel que vous mettiez du temps à travailler les premières séquences, puisque vous n'êtes pas encore familiarisé(e) avec cette nouvelle démarche.

2. Travaillez séquence par séquence. Consacrez le temps qu'il faut à chacune des vingt unités de l'ouvrage.

Quand vous avez entièrement terminé une séquence, relisez-vous soigneusement et reportez-vous au corrigé.

Lors des premières séquences, ne vous souciez pas de l'heure. Prenez bien tout le temps qu'il vous faut. Vous constaterez qu'au fil des séquences, vous irez de plus en plus vite avec davantage de facilité. Nul doute qu'en fin de parcours, vous travaillerez vite et bien.

Contrairement aux légendes qui circulent chez les collégiens, il n'y a pas de sujets qui inspirent et de sujets qui n'inspirent pas. Tout au plus, est-on plus attiré vers tel type de sujet que vers tel autre. Il n'y a pas non plus de correcteurs malveillants qui aiment à mettre de mauvaises notes.

En revanche, un fait est certain et vérifiable : s'entraîner systématiquement et consciencieusement sur des sujets de brevet permettra à tout élève d'obtenir des notes tout à fait convenables, aussi bien le jour de l'épreuve du brevet qu'au cours de l'année de quatrième, lors des expressions écrites qui sont très souvent élaborées à partir des annales de l'examen.

Alors bon courage ! S'entraîner longtemps à l'avance à une épreuve technique comme celle de l'expression écrite au brevet, c'est multiplier ses chances d'obtenir un excellent résultat.

Le sujet d'imagination

Qu'est-ce qu'un sujet d'imagination ?

Lors de l'épreuve du brevet des collèges, vous pourrez avoir un sujet d'imagination ou un sujet de réflexion.

Les sujets d'imagination peuvent se classer en deux catégories.

1 Raconter une expérience personnelle

Lorsqu'un sujet fait appel à votre expérience personnelle, à votre passé, à vos souvenirs, vous devez raconter un événement que vous avez personnellement vécu ou dont vous avez été le témoin. Vous ferez le portrait de quelqu'un que vous connaissez, vous décrirez un lieu (paysage, maison) qui vous tient particulièrement à cœur, etc.

Exemples de sujets :

Exemple 1

Il vous est déjà arrivé de désirer très fort, comme le narrateur, quelque chose qui vous paraissait inaccessible. Vous raconterez cette expérience en incluant, comme dans le texte, une description.

Exemple 2

« Moi aussi je me transforme, je change comme je veux mon aspect... », dit la narratrice. La vie nous fournit souvent des occasions de tenir un rôle, soit par jeu, soit par nécessité (sociale, familiale, etc.). Racontez une expérience de ce genre qui vous est arrivée. Vous ne négligerez pas d'évoquer vos réactions et sentiments divers.

2 Travailler à partir d'un texte

Certains sujets vous demandent de composer un travail à partir d'un texte que vous avez au préalable étudié. Par exemple :
– vous devez imaginer et écrire le début, les lignes qui précèdent immédiatement l'extrait que vous avez étudié ;
– vous devez imaginer et écrire la fin, les lignes qui suivent immédiatement l'extrait que vous avez étudié ;
– vous devez traiter un sujet en rapport avec le texte étudié, en respectant des contraintes qui vous sont formulées explicitement par le sujet.

Exemple

Vous avez étudié le texte de George Sand, « Le voyage » (page 72) ; le sujet d'imagination que l'on vous propose est :

Maurice, ou Solange, raconte par écrit son séjour à Majorque, ses découvertes, ses impressions, ses sentiments.

Quelles sont les aptitudes requises pour ce type de sujet ?

1 Établir le lien entre le texte étudié et le sujet à traiter

Si certains sujets s'inspirent directement du texte et en demandent une compréhension totale et fine qui sera absolument nécessaire pour le devoir, d'autres sujets n'ont qu'un rapport très ténu avec le texte étudié.

La première question à se poser est donc : quel rapport existe réellement entre le sujet à traiter et le texte de base ?

Si le lien est très fort, il faudra exploiter le texte et le respecter, à tous points de vue : style, ton, caractère des personnages, lieux, époque, etc.

Si le lien est moins étroit, il faudra « oublier » le texte et élargir les perspectives, ne pas commettre l'erreur de rester dans le sillage de l'extrait.

2 Puiser dans votre expérience

Quand le sujet n'est pas en rapport direct avec le texte de base, il vous faut rechercher des souvenirs intéressants et savoir les raconter avec brio. Ce sujet peut vous demander des anecdotes mais aussi des descriptions, des portraits.

Comment traiter un sujet d'imagination ?

1 Le sujet est plus ou moins en rapport avec le texte de base

Si le lien est étroit, il faut que vous connaissiez l'essentiel du texte. Si on vous demande, par exemple, la façon dont va réagir tel personnage de l'extrait, vous avez intérêt à relever tout ce qui caractérise le personnage.

Si le sujet à traiter est plus éloigné du texte de base, vous noterez les idées principales que vous allez développer, les grandes parties de votre plan et ses sous-parties.

Cette précaution est importante, notamment lors des devoirs en temps limité, quand il ne vous est pas possible de rédiger la totalité du devoir au brouillon.

2 Ce type de sujet est moins codé que le sujet de réflexion

La question de l'introduction et de la conclusion ne se pose pas dans les mêmes termes.

Quand il faut donner une suite à un texte ou proposer la scène qui le précède, le mieux est d'entrer directement dans le vif du sujet, en écrivant – dans la mesure du possible – comme l'auteur du texte initial. Il faut que le correcteur sente une réelle continuité de ton et d'esprit entre le texte de l'écrivain et celui que vous allez produire.

Pour les sujets qui n'ont pas de rapport direct avec le texte, quelques phrases d'introduction au sujet, pour donner au lecteur une idée générale de ce qu'il va découvrir, seront nécessaires.

De même, la conclusion comportera quelques phrases de bilan.

1 L'originalité

Bien lire le texte

Voici un autre original. Il est tout récent. Je l'ai rencontré, un matin du printemps dernier, rue de Médicis. Un homme d'une quarantaine d'années, le visage assez fin et soigné. Aux pieds, des souliers vernis tout cassés, dont la semelle tenait au reste par des ficelles. Un pantalon, devenu trop court, à petits carreaux noirs et blancs tournés au gris avec le temps. Un petit veston élimé et déteint, serré à la taille, comme en portaient les gommeux[1] de 1880, avec je ne sais quelle fleur à la boutonnière. Un faux col d'une blancheur parfaite. Comme cravate, un lacet de chaussure, ou tout comme. Sur la tête, un chapeau de paille canotier qui avait dû être joli autrefois. Enfin, – le plus remarquable ! – à la main, la tringle d'un parapluie aiguille, qu'il tenait, entre trois doigts, comme un dandy[2] son stick[3]. Il s'en allait, d'un pas léger, l'air dégagé et coquet, d'une main balançant sa tringle, de l'autre faisant des grâces dans l'espace. Quelle chimère l'occupait, celui-là, à jouer ainsi à l'élégant, vêtu de cette sorte et si matinal ? Je le suivis des yeux pendant un moment, vivement conquis, intéressé, attendri. Malheureusement, j'étais pressé, et je dus le laisser, au lieu de le suivre et de l'observer. Je ne l'ai jamais revu. L'a-t-on enfermé, alors que tant de gens sans intérêt sont libres ? L'originalité est tellement haïe de nos jours que cela est bien possible.

Paul Léautaud (1872-1956), *Passe-temps*, Mercure de France, 1928.

1. jeune homme que sa prétention excessive à l'élégance rend ridicule. – 2. mot anglais désignant, au XIXe siècle, un homme qui affectait dans sa toilette et dans ses manières une élégance suprême, presque aristocratique. – 3. sorte de canne mince et souple.

Compréhension du texte

Vocabulaire

1 « un original »

a. Qu'est-ce qu'un original ? Donnez plusieurs synonymes de ce mot.

b. Citez d'autres mots appartenant à la même famille.

2 « Il est tout récent » (l. 1)

a. Quel est le sens particulier de l'adjectif « récent » ?

b. Quel est son sens le plus fréquent ?

c. Employez l'adjectif dans le sens de votre choix dans un court paragraphe qui mettra cette signification en valeur.

3 « tournés au gris » (l. 6)

a. Remplacez « tournés » par un synonyme. ....

b. Quel suffixe pouvez-vous ajouter à l'adjectif « gris » ? ....
Quel type de nuance apparaît alors ?

4 Répondez brièvement aux questions suivantes.

a. Qui parle ? Que nous apprend le texte au sujet du narrateur ?

b. Lisez une notice biographique de Paul Léautaud. Cet extrait peut-il être considéré comme une expérience vécue ? Dans quelle mesure ?

Sens général du texte

5 De quel genre de texte en prose s'agit-il ?

6 Quels sont les principaux traits de caractère physiques et moraux de l'original ?

7 Relevez et commentez les indices de temps et de lieux fournis par le texte.

8 Quels sentiments cet original vous inspire-t-il ?

Les thèmes et les idées du texte

9 Quels sentiments le narrateur éprouve-t-il pour l'original de ce texte et pour les originaux en général ?

10 Qu'espère-t-il et que redoute-t-il concernant cet inconnu ?

11 D'après l'auteur, comment les gens jugent-ils, en général, les originaux ? Relevez deux phrases du texte et commentez-les.

Le sujet du brevet

Sujet

Vous avez sûrement, vous aussi, rencontré un personnage original. Évoquez-le en décrivant les sentiments que vous avez ressentis à son égard.

Travail préparatoire

Analyse du sujet

1 **Qu'est-ce qu'un personnage original ?**

2 **Le texte de Paul Léautaud peut-il vous fournir une idée pour votre devoir, dans le plan comme dans le ton général ?**

3 **Cherchez dans votre mémoire quels personnages originaux vous avez pu rencontrer. Notez leurs caractéristiques essentielles.**

Choisissez l'un d'entre eux, mais conservez vos notes sur les autres personnages : vous les utiliserez pour nourrir votre introduction ou votre conclusion ; ces autres « originaux » vous serviront également de référence, de points de comparaison pour bien situer votre personnage principal.

Conseils et écueils

• Le sujet fait appel de manière très claire à votre expérience personnelle. Cependant, au cas où vous n'auriez jamais rencontré de véritable original, vous pourriez emprunter des éléments soit à un film, soit à un livre. Dans ce cas, vous devez connaître parfaitement votre personnage afin de convaincre votre lecteur que vous l'avez effectivement rencontré.

• Le hors-sujet consiste ici à ne pas choisir quelqu'un de vraiment original. Vous ne devez surtout pas évoquer un personnage à peine différent de la moyenne des gens que vous connaissez mais, au contraire, un personnage excentrique, bizarre, qui ne ressemble à personne d'autre.

• Le libellé du sujet vous fournit un plan, une idée de structure générale que vous avez tout intérêt à conserver.

Recherche des idées et élaboration du plan

1. Évocation d'un personnage original.

2. Sentiments éprouvés à l'égard de ce personnage.

Le terme « évocation » ne doit pas vous laisser supposer qu'une description floue est suffisante : votre lecteur doit avoir une idée précise de l'original dont vous parlez ; votre évocation pourra donc comporter plusieurs paragraphes : un portrait physique, un portrait moral, un portrait en action. Quant aux sentiments que vous avez éprouvés, ils peuvent faire l'objet d'une seconde partie de votre devoir.

Néanmoins, vous pouvez, si vous le préférez, composer votre devoir en un seul bloc : toutes les fois que vous avez présenté un trait caractéristique du personnage ou que vous avez conté une anecdote dans un style enlevé, vous pouvez réagir et faire part de vos sentiments.

Ces types de construction, en deux parties ou en une seule, sont également intéressants.

Exemple de rédaction

Voici un texte de Maupassant qui traite parfaitement le sujet qui vous est donné.

Je venais là presque tous les matins. Je m'asseyais sur un banc et je lisais. Parfois, je laissais retomber le livre sur mes genoux pour rêver, pour écouter autour de moi vivre Paris, et jouir du repos infini de ces charmilles à la mode ancienne.

Mais je m'aperçus bientôt que je n'étais pas seul à fréquenter ce lieu dès l'ouverture des barrières, et je rencontrais parfois, nez à nez, au coin d'un massif, un étrange petit vieillard.

Il portait des souliers à boucles d'argent, une culotte à pont[1], une redingote tabac d'Espagne, une dentelle en guise de cravate et un invraisemblable chapeau gris à grands bords et à grands poils, qui faisait penser au déluge.

Il était maigre, fort maigre, anguleux, grimaçant et souriant. Ses yeux vifs palpitaient, s'agitaient sous un mouvement continu des paupières ; et il avait toujours à la main une superbe canne à pommeau d'or qui devait être pour lui quelque souvenir magnifique.

Ce bonhomme m'étonna d'abord, puis m'intéressa outre mesure. Et je le guettais à travers les murs de feuilles, je le suivais de loin, m'arrêtant au détour des bosquets pour n'être point vu.

Et voilà qu'un matin, comme il se croyait bien seul, il se mit à faire des mouvements singuliers : quelques petits bonds d'abord, puis une révérence ; puis il battit, de sa jambe grêle, un entrechat encore alerte, puis il commença à pivoter galamment, sautillant, se trémoussant d'une façon drôle, souriant comme devant un public, faisant des grâces, arrondissant les bras, tortillant son pauvre corps de marionnette, adressant dans le vide de légers saluts attendrissants et ridicules. Il dansait !

Je demeurais pétrifié d'étonnement, me demandant lequel des deux était fou, lui, ou moi.

Mais il s'arrêta soudain, s'avança comme font les acteurs sur la scène, puis s'inclina en reculant avec des sourires gracieux et des baisers de comédienne qu'il jetait de sa main tremblante aux deux rangées d'arbres taillés.

Et il reprit avec gravité sa promenade.

Guy de Maupassant, « Menuet », *Contes de la Bécasse*, 1883.

1. culotte dont le devant pouvait être à volonté baissé ou relevé. Ce vêtement ne se porte plus à l'époque du récit.

2 L'aventure

Bien lire le texte

Les trois jours qui suivirent furent admirables.

Henri et Albert partaient tôt le matin, nous nous levions vers neuf heures et après déjeuner nous allions faire une partie de ballon sur la plage. Les ballons étaient plus que rares à l'époque. C'était la logeuse qui nous l'avait prêté et mon amour du football date de ce moment. Maurice était goal. Nous délimitions les buts avec nos manteaux et je shootais à perdre haleine, hurlant de triomphe lorsqu'il n'arrivait pas à bloquer le ballon.

Nous avions toute la plage pour nous, de rares passants nous regardaient du haut du parapet.

Nous faisions les courses, une cuisine rapide pour nous deux car Henri et Albert mangeaient avec leurs employeurs. J'étais le spécialiste des pâtes. Cuites à l'eau avec un petit morceau de margarine, du sel, je tartinais le dessus du plat avec de la cancoillotte qui remplaçait le gruyère et que l'on trouvait assez facilement dans les épiceries et je passais le tout au four pour faire gratiner, c'était un régal.

L'après-midi, nous partions à la découverte et le champ de nos investigations s'agrandissait sans cesse. Dès le deuxième jour, à mi-flanc de la baie de Garavan, nous découvrîmes une immense villa aux volets clos. Une longue clôture l'entourait et à travers les grilles que condamnait une lourde chaîne, on pouvait voir un jardin très touffu qui était une forêt vierge. Tarzan devait rôder là-dedans et je m'étonnais de ne pas le voir surgir, bondissant de branche en branche.

L'endroit était désert. Les propriétaires devaient être loin, la guerre les avait peut-être fait fuir, peut-être étaient-ils morts, en tout cas, ils n'étaient pas là.

En nous aidant des basses branches d'un poirier et après une courte échelle, nous étions au cœur du paradis.

Joseph Joffo (né en 1931), *Un sac de billes*, Jean-Claude Lattès, 1973.

Compréhension du texte

Vocabulaire

1 « la logeuse » (l. 4)

a. Que signifie ce mot ? Donnez d'autres mots de la même famille.

b. Énumérez quatre types de logements différents et caractérisez-les.

2 Relevez tous les mots et toutes les expressions du texte appartenant au champ lexical du football.

3 « le football »

a. Quel commentaire lexical faites-vous sur ce mot ? ....

b. Comment appelle-t-on ce type de mot ?

c. Comment considère-t-on aujourd'hui la plupart de ces mots ? Quelles sont les recommandations officielles ?

4 « le champ de nos investigations » (l. 26)

Dans cette expression, trouvez un synonyme du mot « investigations ».

Sens général du texte

5 Répondez brièvement aux questions suivantes.

a. Quels sont les personnages du texte ? Nommez-les.

b. Quelles sont leurs activités ?

c. Qu'y a-t-il de particulier dans leur mode de vie ?

6 Dans un court paragraphe soigneusement rédigé, relevez dans le texte les renseignements donnés sur la villa. Quelles précisions donnent-ils ?

7 Quels sentiments les enfants éprouvent-ils, d'une manière générale, dans le texte ?

Les thèmes et les idées du texte

8 Quelles sont les sensations qui dominent l'extrait ?

9 Quelles hypothèses pouvez-vous avancer pour expliquer les conditions particulières dans lesquelles vivent les enfants ?

10 Quel est le thème principal de ce texte ? ....

11 Énumérez trois thèmes secondaires de l'extrait.

Sujet

Le narrateur pénètre dans la villa aux volets clos : dans l'obscurité et parmi le désordre, les objets prennent des apparences inattendues.
Vous décrivez, en vous mettant à la place de ce narrateur, le spectacle et les émotions qu'il suscite.
Consignes : vous respecterez les temps employés dans les textes de Joffo.

Travail préparatoire

Analyse du sujet

1 Quel rapport ce sujet entretient-il avec l'extrait de Joseph Joffo ?

2 Quels sont les mots clés du sujet ?

3 Quel type de devoir vous demande-t-on ? (Portrait ? récit ? description ? analyse de sentiments ?)

Conseils et écueils

• Il est très important d'avoir bien compris le texte de Joffo, de l'avoir bien intériorisé dans la mesure où il vous est demandé d'imaginer une suite au texte de l'auteur, en respectant des indications précises. N'hésitez donc pas à relire le texte autant de fois que vous le jugerez nécessaire.

• Certains mots sont essentiels et vous devez vous y attarder : il s'agit d'une villa (c'est donc une maison, elle peut être isolée ; le mot « villa » induit l'idée de richesse, de luxe, de confort) ; les volets sont clos, ce qui suggère que la maison est fermée (par qui ? pour quelles raisons ?) ; un certain mystère n'est pas exclu.

• L'obscurité, le désordre, les objets qui prennent des apparences inattendues, toutes ces indications suggèrent également un mystère, voire un malaise : comment expliquer le désordre ?

Recherche des idées et élaboration du plan

• De la lecture du texte de Joffo, dont vous devez obligatoirement vous inspirer pour écrire le type particulier de suite que demande le sujet, vous pouvez retenir des éléments de détail. Il n'est pas certain que vous aurez à vous servir de ces détails dans votre copie, mais les noter vous évitera au moins de faire des contresens. En tout cas, vous en souvenir vous évitera de voir inscrit sur votre copie : « Vous n'avez pas respecté l'esprit du texte. »

• Voici quelques détails intéressants à noter :
– les enfants vont faire une partie de ballon sur la plage. La mer est donc toute proche, la villa est d'ailleurs située, le texte le précise, « à mi-flanc de la baie de Garavan » ;
– ils délimitent les buts avec leurs manteaux : ce n'est donc pas le plein été ; évitez de situer votre action dans une chaleur accablante, sous la canicule ;
– cette immense villa est déjà mystérieuse de l'extérieur, car infiniment protégée : volets clos, longue clôture, grille, lourde chaîne, jardin très touffu qui s'apparente à une forêt vierge, endroit désert ;
– autre détail mystérieux : les propriétaires de la villa sont absents ; les hypothèses qui sont formulées laissent présager un drame : c'est la guerre ; ils ont fui précipitamment ; ils sont peut-être morts.

Exemple de rédaction

Voici un paragraphe qui pourrait se placer à la fin du devoir.

Les enfants ont pénétré dans la villa, ils ont parcouru toutes les pièces. Il y régnait une atmosphère curieuse et très angoissante : désordre extraordinaire, cendriers remplis de mégots, verres à moitié pleins, bouteilles de parfum non rebouchées, etc. Au dernier étage, une pièce entrouverte dont la porte claque au vent attire les enfants, bien qu'ils soient très apeurés et que leur cœur batte la chamade.

Je grimpai l'escalier en me cramponnant à la rampe. Mon cœur battait à rompre, mes jambes flageolaient et j'avais le souffle court. Plus je montai et plus j'avais la certitude qu'un mystère se cachait dans cette pièce dominant la baie. D'une main tremblante, j'ouvris la porte. J'avais à peine mis un pied dans la pièce que je poussai un hurlement : dans une semi-obscurité, des centaines d'yeux me regardaient. Je respirai, tentai de retrouver mon calme. J'appuyai sur le commutateur. La pièce s'éclaira : les centaines d'yeux qui m'avaient tant effrayé étaient les yeux de poupons de collection sagement assis sur des étagères et dont tous les regards étaient dirigés vers la porte, dans l'attente probable du collectionneur amoureux qui avait déniché tous ces jouets d'un autre temps et qui les avait habillés de rose et de bleu.

3 L'héroïsme

Bien lire le texte

Madame Aubain et ses enfants, Paul et Virginie, reviennent d'une promenade à la campagne avec leur servante Félicité.

Des bœufs, étendus au milieu du gazon, regardaient tranquillement ces quatre personnes passer. Dans la troisième pâture, quelques-uns se levèrent, puis se mirent en rond devant elles.

– Ne craignez rien, dit Félicité.

Et murmurant une sorte de complainte, elle flatta sur l'échine celui qui se trouvait le plus près ; il fit volte-face, les autres l'imitèrent. Mais, quand l'herbage suivant fut traversé, un beuglement formidable s'éleva. C'était un taureau, que cachait le brouillard. Il avança vers les deux femmes. Mme Aubain allait courir.

– Non ! Non ! Moins vite !

Elles pressaient le pas cependant, et entendaient par-derrière un souffle sonore qui se rapprochait. Ses sabots, comme des marteaux, battaient l'herbe de la prairie ; voilà qu'il galopait maintenant ! Félicité se retourna, et elle arrachait à deux mains des plaques de terre qu'elle lui jetait dans les yeux. Il baissait le mufle, secouait les cornes et tremblait de fureur en beuglant horriblement. Mme Aubain, au bout de l'herbage avec ses deux petits, cherchait éperdue comment franchir le haut bord. Félicité reculait toujours devant le taureau, et continuellement lançait des mottes de gazon qui l'aveuglaient, tandis qu'elle criait :

– Dépêchez-vous ! Dépêchez-vous !

Mme Aubain descendit le fossé, poussa Virginie, Paul ensuite, tomba plusieurs fois en tâchant de gravir le talus, et à force de courage y parvint.

Le taureau avait acculé Félicité contre une claire-voie[1] ; sa bave lui rejaillissait à la figure, une seconde de plus il l'éventrait. Elle eut le temps de se couler entre deux barreaux, et la grosse bête, toute surprise, s'arrêta.

Cet événement, pendant bien des années, fut un sujet de conversation à Pont-l'Évêque[2]. Félicité n'en tira aucun orgueil, ne se doutant même pas qu'elle eût rien fait d'héroïque.

Gustave Flaubert (1821-1880), *Un cœur simple*, Gallimard, 1875.

1. barrière. – **2.** ville de Normandie.

Compréhension du texte

Vocabulaire

1 **Rédigez la définition des mots suivants à la manière du dictionnaire.**

a. une complainte b. une pâture c. sonore d. gravir

2 **« il fit volte-face » (l. 9)**

Expliquez cette expression. Fournissez une expression synonyme.

3 **l'adjectif « formidable » (l. 10)**

a. Quel est le sens particulier de cet adjectif dans le texte ?

b. Quelle est son étymologie ? ....

c. Quel sens particulier a pris cet adjectif dans les années 1960 ?
Ce sens est-il toujours vivant ? Pour quelle raison, à votre avis ?

4 **Relevez les trois phrases précédées de tirets. Commentez-les.**

Qui parle ? À qui ? Quelle est la caractéristique principale des messages ?

Sens général du texte

5 **Quels sont les personnages de l'extrait qui ont un rôle passif par rapport à l'action ?**

6 **Résumez l'action en un court paragraphe qui précisera l'identité des personnages, ce qu'ils font, ce qui leur arrive, les sensations et les sentiments qu'ils éprouvent.**

7 **Quels sont les traits de caractère les plus importants de Félicité ?**

Les thèmes et les idées du texte

8 **Quel type de situation les protagonistes affrontent-ils ?**

9 **Comment madame Aubain réagit-elle ? Relevez un mot du texte décrivant son comportement et commentez-le.**

10 **L'héroïsme de Félicité. En quoi consiste-t-il ? Répondez en vous inspirant précisément du texte.**

11 **« Cet événement, pendant bien des années, fut un sujet de conversation à Pont-l'Évêque. » (l. 27)**

Cette phrase jette un éclairage sur la vie en province. Lequel ?

Sujet

Madame Aubain ou l'un de ses enfants raconte à ses amis cet acte de bravoure de la servante Félicité. Imaginez le récit en tenant compte des éléments fournis par le texte.

Travail préparatoire

Analyse du sujet

1 **Quel type de rapport existe-t-il entre le sujet et le texte de Flaubert ?**

2 **Parmi les éléments fournis par le texte, quels sont les plus importants pour traiter correctement le sujet ?**

Conseils et écueils

• Relisez très soigneusement le texte de Flaubert.

• Il est important de tenir compte des éléments fournis par le texte, comme le précise le sujet, mais également d'un certain ton du texte, du style qui est celui de la littérature romanesque au XIXe siècle.

• Mais il est aussi essentiel de s'interroger sur la notion de point de vue. Madame Aubain, bourgeoise normande, veuve, mène une vie plate et monotone de province : elle n'aura pas de l'événement la même vision que ses deux enfants, jeunes, plus émotifs et plus expansifs.

• Faites-vous l'idée la plus précise possible de chacun des trois personnages : madame Aubain, Paul, Virginie. Lequel des trois vous paraît avoir le regard le plus intéressant sur l'aventure ? Choisissez-le pour « voir » la scène, la décrire et relater ce qu'il éprouve.

Recherche des idées et élaboration du plan

3 **Répondez brièvement aux questions suivantes.**

a. Dans votre devoir, quel personnage raconte ?

b. À qui ?

c. Quel est le rôle des amis ? Écoutent-ils passivement ou interviennent-ils à l'intérieur du récit ?

Exemple de rédaction

4 Voici trois extraits de copies. Chaque extrait appartient à une copie qui a choisi comme rapporteur de la scène soit madame Aubain, soit Paul, soit Virginie.

a. Lisez chacun de ces trois extraits.

b. Attribuez-le à l'un des trois personnages en justifiant les raisons de votre attribution.

Procédez par élimination et soyez attentif au ton d'ensemble ainsi qu'au niveau de langue.

• Extrait 1

Ah, non, ma chère, vraiment, passé le premier instant de surprise, je n'ai plus eu peur. Je me doutais bien que cette brave Félicité qui, comme vous le savez, est une fille de la campagne, ferait le nécessaire pour nous protéger de ces stupides animaux.

– Et quand Félicité a été acculée contre une claire-voie, vous n'avez pas été effrayée ?

– Non, pensez-vous ! Félicité à l'air lourdaude mais, en fait, c'est une fille qui est assez avisée et qui peut être rapide quand les circonstances l'exigent. J'ai toujours eu confiance en elle, même dans les pires moments de ma vie.

• Extrait 2

– Tu aurais vu Félicité, c'était incroyable ! Non seulement elle a pris sur elle pour nous empêcher de courir, mais encore, elle couvrait notre fuite en aveuglant le taureau.

– Ah oui ? Mais comment faisait-elle pour aveugler ce taureau ?

– Eh bien, figure-toi qu'elle arrachait des mottes de terre et qu'elle les lui jetait dans les yeux.

• Extrait 3

– Tu sais, je crois que je n'ai jamais eu aussi peur de ma vie. Je ne souhaite à personne de se trouver dans la même situation que celle que nous avons connue. Toute ma vie, je vouerai une reconnaissance profonde à Félicité. Tu ne peux pas savoir jusqu'à quel point elle a été extraordinaire. Elle a manifesté un sang-froid hors du commun, et elle n'a pas hésité à mettre sa vie en jeu pour protéger la nôtre. Quand je pense qu'à deux secondes près, elle était éventrée par cet horrible taureau, j'en ai encore la chair de poule !

Point culture

- Flaubert est né à Rouen en 1821 et décédé près de Rouen en 1880.
- Lisez « Un cœur simple », extrait de *Trois Contes* ; lisez également *Madame Bovary*.
- Soucieux d'être objectif, Flaubert pensait que « le grand art est scientifique et impersonnel » et qu'il faut « se transporter dans les personnages et non pas les attirer à soi ».

4 Les magasins

Bien lire le texte

Le « Bonheur des Dames » était un grand magasin au XIXe siècle.

Le Bonheur des Dames inaugurait ses magasins neufs. [...] Mouret était là, donnant ses derniers ordres. Au centre, dans l'axe de la porte d'honneur, une large galerie allait de bout en bout, flanquée à droite et à gauche de deux galeries plus étroites, la galerie Monsigny et la galerie Michodière. On avait vitré les cours, transformées en halls ; partout on avait gagné de l'espace, l'air et la lumière entraient librement, le public circulait à l'aise. [...] C'était la cathédrale du commerce moderne, solide, légère, faite pour un peuple de clientes. En bas, dans la galerie centrale, après les soldes de la porte, il y avait les cravates, la ganterie, la soie ; la galerie Monsigny était occupée par le blanc, la galerie Michodière par la mercerie, la bonneterie, la draperie et les lainages. Puis, au premier, se trouvaient les confections, la lingerie, les châles, les dentelles, tandis qu'on avait relégué au second étage la literie, les tapis, les étoffes d'ameublement, tous les articles encombrants et d'un maniement difficile. [...]

Mouret avait l'unique passion de vaincre la femme. Il la voulait reine dans sa maison, il lui avait bâti ce temple, pour l'y tenir à sa merci. [...] Aussi, nuit et jour, se creusait-il la tête, à la recherche de trouvailles nouvelles. Déjà, voulant éviter la fatigue des étages aux dames délicates, il avait fait installer deux ascenseurs, capitonnés de velours. Puis, il venait d'ouvrir un buffet, où l'on donnait gratuitement des sirops et des biscuits, et un salon de lecture, une galerie monumentale, décorée avec un luxe trop riche, dans laquelle il risquait même des expositions de tableaux. Mais son idée la plus profonde était, chez la femme sans coquetterie, de conquérir la mère par l'enfant ; il créait des rayons pour petits garçons et fillettes, arrêtait les mamans au passage, en offrant aux bébés des images et des ballons portant en grosses lettres le nom du magasin, et qui, tenus au bout d'un fil, voyageant en l'air, promenaient par les rues une réclame vivante !

Émile Zola (1840-1902), *Au Bonheur des Dames*, Gallimard, 1883.

Compréhension du texte

Vocabulaire

1 le « Bonheur des Dames » (l. 1)

a. Que signifie cette expression ?

b. Pour quelles raisons ce nom a-t-il été choisi pour le magasin ?

2 « C'était la cathédrale du commerce moderne » (l. 9-10)

a. Expliquez cette phrase.

b. De quelle figure de style s'agit-il ?

3 Que désigne chacun des mots suivants dans le texte ?

a. le blanc b. la mercerie c. la bonneterie d. la draperie

Sens général du texte

4 Quelles sont les deux grandes parties de cet extrait ? Donnez-leur un titre qui les résume.

5 Quels sont les principaux aménagements réalisés par Octave Mouret dans son grand magasin ? Citez les plus importants.

6 Quels sont les principaux traits de caractère d'Octave Mouret qui apparaissent dans le texte ?

Les thèmes et les idées du texte

7 À quelle époque, à votre avis, l'action se déroule-t-elle ?

8 Quel terme actuel pourriez-vous employer pour parler de ces techniques de vente ? (Vous utiliserez un néologisme par rapport à l'époque où se déroule le récit.) À quel domaine se rattachent ces techniques ?

9 Citez quatre thèmes du texte.

10 Octave Mouret est le personnage central de cet extrait.

Consultez des ouvrages sur Émile Zola et sur son œuvre. En un court paragraphe soigneusement rédigé, faites une présentation d'Octave Mouret. Qui est-il ? Où est-il né ? D'où vient-il ? Quelles sont ses idées concernant la vente et le commerce ?

11 Un autre roman de Zola, *Thérèse Raquin*, traite aussi du thème du commerce au XIXe siècle. De quel type de commerce s'agit-il dans ce roman ?

Le sujet du brevet

Sujet

Imaginez l'arrivée des clientes dans le nouveau magasin décrit par Zola : vous montrerez leurs comportements et réactions, l'attitude de Mouret, l'atmosphère du lieu.

Travail préparatoire

Analyse du sujet

1 **Le sujet suggère-t-il un plan ? Si oui, lequel ?**

2 **Dans quel univers particulier la scène à décrire va-t-elle se dérouler ?**

3 **Comment étaient les boutiques (boutiques et non magasins) à l'époque de Zola ? En quoi le « Bonheur des Dames » va-t-il être différent des autres négoces ? Quel type de clientes va venir au magasin de Mouret pour l'inauguration ? Quelle est l'ambiance des magasins quand il y a beaucoup de monde ?**

Conseils et écueils

• Il faut absolument faire un effort pour replacer les faits dans leur contexte historique. Ce récit se situe à la fin du XIXe siècle, époque aux antipodes de la société de consommation, où l'on dépensait peu : il était fréquent qu'une fille hérite des vêtements de sa mère, qui elle-même les avait hérités de sa propre mère. C'est dire si l'abondance, le choix, la profusion étaient des notions abstraites pour les clientes.

• Il convient aussi de se faire une idée précise du genre de commerce décrit par Zola. Il s'agit du « Bonheur des Dames » : on y vend des articles essentiellement féminins et dont certains ont pratiquement disparu : broderies et ouvrages pour dames, combinaisons, jupons. Il n'est pas question de trouver dans ce magasin des vêtements modernes, comme des pantalons ou des blousons par exemple. Il importe de se rappeler qu'à cette époque nombre de femmes se contentaient d'acheter le matériel (tissu, fil, boutons, etc.) et confectionnaient elles-mêmes leurs vêtements.

Recherche des idées et élaboration du plan

• Le libellé du sujet demande que vous traitiez trois points :
– comportements et réactions des clientes ;
– attitude de Mouret ;
– atmosphère du lieu.

• Cela dit, il serait factice de composer un plan reprenant ces parties l'une après l'autre. Tout en conservant présent à l'esprit qu'il faut traiter ces trois points, vous pourrez organiser votre devoir en un bloc unique qui les mêlera. De cette manière, votre récit ne sera pas artificiel, mais vivant.

• Afin que votre lecteur ait le sentiment de participer à la scène, vous pourrez donner des noms aux personnages et même les faire s'exprimer directement, sous forme de monologue intérieur ou de dialogue.

Exemple de rédaction

Voici la rédaction d'un paragraphe qui pourrait se situer au début de votre copie. Il traite des trois points demandés par le sujet en les unissant les uns aux autres, sans établir de coupures superficielles.

La première à pénétrer dans le magasin fut Clarisse de Barbentane. Dès que les huissiers aux gants blancs eurent ouvert les battants de la grand-porte, la comtesse se précipita. Devant l'amoncellement des dentelles et des tulles, cette femme intelligente, mais qui avait pour les tissus et autres falbalas féminins un goût effréné, faillit tomber en pâmoison. Elle porta sa main gantée de chevreau rose à ses lèvres subitement décolorées, étouffa un « oh ! » admiratif et ouvrit des yeux émerveillés.

– Voulez-vous vos sels, chère amie ? demanda Mouret qui l'observait à la dérobée depuis son entrée dans le magasin.

En temps ordinaire, Clarisse, qui avait toujours jugé Mouret très homme du monde pour un boutiquier, serait tombée dans ses bras et aurait simulé l'évanouissement. Mais le regard ironique de Mouret, comme la profusion de trésors vers lesquels toutes les femmes se précipitaient avec avidité, lui fit changer ses plans.

– Pas de sels, cher ami, conduisez-moi plutôt vers la mousseline, je rêve d'en inonder mon boudoir.

Mouret prit le bras de la jeune femme et, d'un geste ferme, la dirigea parmi les soies, les tulles et les cotonnades vers un rayon qui débordait de mousselines légères, dans les tons les plus délicats.

Tandis que Mouret observait avec soulagement que la « vente démarrait très fort », Clarisse achetait la moitié du rayon. Autour d'eux, dans le brouhaha, la chaleur et l'excitation, ce n'étaient que cris de joie, de surprise et d'admiration, même chez quelques braves ménagères du quartier qui, venues en curieuses, se croyaient au paradis.

5 La vie scolaire

Bien lire le texte

Enfant, le narrateur a commencé ses études dans le sud-ouest de la France ; il fréquente maintenant un lycée parisien.

– Au tableau !

Les deux mots redoutés semblent revenir à une cadence anormale. À chaque fois, il faut s'extraire de sa chaise, marcher jusqu'à l'estrade, s'y tenir droit, faire face à la salle de classe, selon l'ordre donné par le professeur (« Regardez vos camarades, ne me regardez pas ») et répondre à des questions ou se taire si l'on ne sait pas :

– Au tableau !

On dirait que mon nom est le plus souvent cité et que la classe tout entière n'a attendu que cette minute, pour me voir silencieux, hésitant, ignare, ou mieux encore pour m'entendre livrer mes maigres connaissances, avec ce terrible « accent du Midi » qui déclenche les sourires dédaigneux, les rires mal étouffés, les contorsions apitoyées. À peine ouvré-je la bouche qu'un murmure parcourt les rangs, un frémissement s'annonce, comme une vague qui ondule. Et la panique m'atteint !

– Silence ! Laissez répondre le malheureux !

Tout a changé, et ce qui semblait simple et facile prend les allures d'une compétition insurmontable à laquelle rien ni personne ne m'a préparé. Comme si, chaque jour, il fallait passer un examen.

Là-bas, autrefois, dans le petit lycée de la petite ville, j'avais le sentiment de flotter au-dessus des élèves de mon âge et je me moquais sans méchanceté de l'épaisseur de leur accent, aussi gras qu'une tranche de lard, aussi lourd que les sabots de leurs pères. Nous partagions avec mes frères et sœurs un sentiment inavoué de supériorité, la conscience d'une différence entre nos camarades et nous. Mais voici que ce qui servait de prétexte à nos jeux et nos imitations se retourne contre moi. Je suis devenu l'acteur central de cette comédie cruelle dont jusqu'ici j'avais été un observateur détaché et suave. Que se passe-t-il ? Je parle comme un plouc, un « petit provincial ».

Philippe Labro (né en 1936), *Le Petit Garçon*, Gallimard, 1988.

Compréhension du texte

Vocabulaire

1 Rédigez la définition des mots suivants à la manière du dictionnaire.

a. ignare
b. cadence

2 Donnez un maximum de termes appartenant à la famille des mots qui suivent.

a. dédaigneux
b. redouter
c. anormal
d. apitoyé

3 Fournissez un antonyme pour chacun des mots suivants.

a. silencieux : ……………………………………
b. ignare : ……………………………………
c. maigre : ……………………………………
d. cruel : ……………………………………

4 un « plouc » (l. 32)

a. Que signifie ce mot ? ……………………………………

b. À quel niveau de langue appartient-il ? ……………………………………

c. Donnez-en trois synonymes, en précisant à chaque fois leur niveau de langue.

……………………………………

Sens général du texte

5 Relevez tous les mots et toutes les expressions qui appartiennent au champ lexical de la vie scolaire.

6 La scolarité du narrateur

a. Comment le narrateur vivait-il sa scolarité dans le Sud-Ouest ? Quels sentiments éprouvait-il à cette époque-là ?

b. Comment le narrateur vit-il sa scolarité à Paris ? Quels sentiments éprouve-t-il ?

7 Quelles qualités le narrateur manifeste-t-il en s'analysant comme il le fait ?

Relevez des expressions particulièrement significatives du texte et commentez-les.

Les thèmes et les idées du texte

8 Quel est le thème principal du texte ?

9 Citez trois autres thèmes secondaires que traite le texte.

10 Quelle leçon de portée générale, quelle morale pouvez-vous tirer du texte ?

Le sujet du brevet

Sujet

Un jour, la situation du personnage dans la classe change. Racontez ce qui s'est passé.

Travail préparatoire

Analyse du sujet

1 **Quels sont les deux « clans » en présence ?**

2 **Quelles sont les particularités du narrateur par rapport aux autres élèves ?**

3 **Le narrateur développe ce qu'il ressent et suggère au lecteur la manière dont les autres élèves de la classe le considèrent.**
Composez une phrase dans laquelle vous préciserez la façon dont les élèves traitent leur nouveau condisciple.

4 **Pour bien comprendre le contexte général, l'ambiance particulière dans laquelle baigne tout l'extrait, étudiez avec attention certaines expressions du texte qui précisent ce que ressentent les camarades du narrateur et la manière dont ils réagissent.**

Ces expressions sont principalement : « sourires dédaigneux » ; « rires mal étouffés » ; « contorsions apitoyées ».

Conseils et écueils

• Votre expérience personnelle peut vous aider à créer l'ambiance du texte. Vous vous êtes certainement déjà moqué d'un de vos camarades ; à l'inverse, il est possible que vos camarades se soient moqués de vous.

• Il importe de bien isoler les forces en présence : d'un côté, le narrateur qui est d'abord seul, mis au banc de la classe et considéré comme un « plouc » ; de son propre aveu, il s'exprime avec un fort accent du Sud-Ouest et il est ignare. De l'autre côté, la classe tout entière se ligue contre le nouveau, ressenti comme un étranger, un intrus, dans un groupe organisé.

Recherche des idées et élaboration du plan

Vous devez imaginer un événement précis et plausible, inscrit dans un cadre scolaire et qui va faire tout basculer très rapidement. Le banni de la classe va devenir un héros.

5 **Voici trois propositions d'idées que vous pouvez développer pour expliquer le changement de situation du personnage.**

Choisissez l'une de ces idées et composez un paragraphe d'une dizaine de lignes, soigneusement rédigé.

– Le narrateur compose un brillant exposé qui lui vaut les félicitations enthousiastes du professeur ; les autres élèves prennent conscience que l'accent ne fait pas l'homme et que le narrateur n'est pas aussi ignare qu'ils le pensaient : ils se mettent à avoir une certaine considération pour celui qui n'était qu'un « plouc ».
– Le narrateur sauve la classe d'une punition collective en se dénonçant pour un forfait qu'il n'a pas commis mais qu'il va être le seul à « payer ».
– Alors qu'il aurait pu dénoncer ses camarades qui ont copié pendant un contrôle (et ainsi se venger à bon compte de tout ce qu'il a subi), il garde le silence et les protège.

Exemple de rédaction

Votre expression écrite pourrait commencer par une introduction de ce genre.

Je souffrais de plus en plus d'être considéré par mes camarades comme un plouc ignare. Même pendant les récréations, ils me laissaient à l'écart de leurs jeux et je les entendais ricaner dans mon dos, ou essayer – de manière pitoyable d'ailleurs – d'imiter mon accent. Je dormais mal, je n'avais plus d'entrain, plus d'appétit et ma santé aurait probablement été en péril si, un jour...

Point culture

Le thème du nouvel élève qui arrive dans une classe déjà constituée, et qui s'y fait sa place avec beaucoup de difficulté, a souvent été traité. La littérature pour la jeunesse n'a pas été la seule à aborder ce thème. Vous pouvez lire, par exemple :

• l'arrivée de Charles Bovary au collège, extrait de *Madame Bovary*, de Gustave Flaubert ;

• l'entrée au lycée de Conrad von Hohenfels dans *L'Ami retrouvé*, de Fred Uhlman ;

• Augustin Meaulnes, le héros du roman d'Alain-Fournier, *Le Grand Meaulnes*, est tout différent. Le jeune homme devient d'emblée un héros et un meneur pour les autres écoliers. Il s'impose à tous avec un étonnant charisme.

Révision 1

Vocabulaire

Répondez à chacune de ces questions portant sur des mots ou des expressions que vous avez étudiés au cours des cinq séquences précédentes.

Barème : *un point par réponse ; la réponse doit être complète, la correction en tous points conforme à celle qui vous est proposée dans les corrigés.*

1 **Qu'est-ce qu'une « complainte » ?**

2 **Quel serait le contraire d'un « sourire dédaigneux » ?**

3 **Donnez un antonyme de « cultivé », « savant ».**

4 **Quels sont les différents sens du mot « baie » ?**

5 **Trouvez le mot anglais qui désignait, au XIXe siècle, un homme affectant dans sa toilette et dans ses manières une élégance suprême, presque aristocratique.**

/5

Style

Voici cinq erreurs de style, assez grossières, extraites de copies d'élèves.
a. Identifiez chacune de ces erreurs.
b. Précisez ce qui constitue la faute (il n'y a qu'une seule erreur par exercice).
c. Proposez une correction.

Exemple : ***Victor Hugo aime beaucoup les balades dans la campagne.***
a. Faute : l'emploi du mot « balade ».
b. C'est une faute, car il s'agit d'un terme familier n'ayant pas sa place dans une expression écrite, dont le langage doit être sinon soutenu du moins courant.
c. Correction : remplacer « balade » par « promenade ».

6 **Pour séduire sa clientèle, Mouret organisait des vernissages permanents de tableaux.**

7 **Le narrateur ressent que son accent lui vaut les moqueries de ses camarades.**

8 **Il était un adolescent morne jusqu'au jour où il s'apercevait qu'il pouvait, lui aussi, être gai.**

9 **Il invita les filles et les garçons auxquels il s'était lié.**

10 **L'écolier qui avait peur de ses camarades de classe qui se moquaient de lui et qui étaient méchants tomba malade.**

/5

Point culture

Répondez à chacune des questions de culture générale portant sur les textes et les exercices que vous avez étudiés dans les cinq séquences précédentes.

Barème : *un point pour chaque réponse exacte.*

11 **Dans le texte « La vie scolaire », le narrateur est la risée de ses camarades parce qu'il a un fort accent du Sud. Vrai ou faux ?**

12 **Philippe Labro est un romancier contemporain qui a publié plusieurs romans. Quels intrus se sont glissés dans la liste de ses œuvres ?**

a. *Le Petit Garçon*
b. *L'Étudiant étranger*
c. *L'Ami retrouvé*
d. *Les Copains d'abord*

13 **Que désigne l'expression « Au Bonheur des Dames » dans la perspective que vous étudiez dans le texte d'Émile Zola ? (Vous devez fournir deux réponses différentes.)**

14 **L'action de *Au Bonheur des Dames* se déroule :**

a. à Marseille
b. à Plassans
c. à Aix-en-Provence
d. à Paris

15 **Dans *Au Bonheur des Dames*, Émile Zola fait vivre un commerce de mercerie. Ce commerce est l'ancêtre de nos actuelles grandes surfaces. Un autre roman de Zola présente une petite mercerie qui, à l'instar de nombreux commerces de l'époque, va péricliter. Le nom du roman qui présente cette mercerie est aussi celui de son héroïne. Quel est son titre ?**

16 **Qui est l'auteur de la nouvelle « Un cœur simple » ?**

17 **Comment les enfants de madame Aubain se prénomment-ils ? Pouvez-vous faire un commentaire sur ces deux prénoms, coordonnés par la conjonction « et » ?**

18 **Quel est le titre du roman de Joseph Joffo dont est extrait « L'aventure » ?**

19 **À quelle période de l'histoire contemporaine l'action du texte « L'aventure » se déroule-t-elle ?**

20 **Dans quelle région de France, chère également à Maupassant, l'action de « Un cœur simple » se déroule-t-elle ?**

/10

Comparez vos réponses avec celles des corrigés pp. 107-108, puis calculez votre score sur 20.

TOTAL /20

6 L'image de soi

Bien lire le texte

J'appartenais à cette race d'êtres dont on dit qu'ils n'ont pas de jeunesse : un adolescent morne, sans fraîcheur. Je glaçais les gens, par mon seul aspect. Plus j'en prenais conscience, plus je me raidissais. Je n'ai jamais su m'abandonner, ni rire, ni faire le fou. Il était inimaginable que je puisse m'agréger à aucune bande joyeuse : j'appartenais à la race de ceux dont la présence fait tout rater. D'ailleurs susceptible, incapable de souffrir la plus légère moquerie. En revanche, quand je voulais plaisanter, j'assénais aux autres, sans l'avoir voulu, des coups qu'ils ne me pardonnaient pas. J'allais droit au ridicule, à l'infirmité qu'il aurait fallu taire. Je prenais avec les femmes, par timidité et par orgueil, ce ton supérieur et doctoral qu'elles exècrent. Je ne savais pas voir leurs robes. Plus je sentais que je leur déplaisais et plus j'accentuais tout ce qui, en moi, leur faisait horreur. Ma jeunesse n'a été qu'un long suicide. Je me hâtais de déplaire exprès par crainte de déplaire naturellement. À tort ou à raison, j'en voulais à ma mère de ce que j'étais. Il me semblait que j'expiais le malheur d'avoir été, depuis l'enfance, exagérément couvé, épié, servi. Je fus, en ce temps-là, avec elle, d'une dureté atroce. Je lui reprochais l'excès de son amour. Je ne lui pardonnais pas de m'accabler de ce qu'elle devait être seule au monde à me donner, de ce que je ne devais connaître jamais que par elle.

François Mauriac (1885-1970), *Le Nœud de vipères*, Grasset, 1933.

Compréhension du texte

Vocabulaire

1 **Employez chacun des mots suivants dans une phrase qui mettra son sens en valeur.**

a. susceptible
b. doctoral
c. exécrer
d. expier

2 **Expliquez les expressions suivantes.**

a. « Je glaçais les gens, par mon seul aspect. » (l. 2)

b. « Ma jeunesse n'a été qu'un long suicide. » (l. 11)

3 **Commentez l'expression « faire le fou » (l. 4)**

a. Quel est son sens ?

b. Dans quelles circonstances particulières l'emploie-t-on le plus souvent ?

4 **Remplacez les mots soulignés par un synonyme.**

« Il était inimaginable que je puisse <u>m'agréger</u> à aucune bande joyeuse : j'appartenais à la race de ceux dont la présence fait tout <u>rater</u>. » (l. 4-5)

Sens général du texte

5 **De quel type de prose s'agit-il ? Donnez deux réponses.**

6 **Quel est le ton de cet extrait ? Quel effet produit-il sur les lecteurs ?**

7 **Résumez ce que ressent le narrateur en une seule expression ou en un seul mot.**

8 **En imitant le ton général du texte, rédigez un court paragraphe dont le titre sera : « L'image que j'ai de moi ».**

9 **Trouvez deux autres titres pour ce passage. Dans le choix de ces titres, vous respecterez le ton de l'extrait de François Mauriac.**

Les thèmes et les idées du texte

10 **Quel est le thème principal de l'extrait ?** ....

11 **Citez deux thèmes secondaires.** ....

12 **Qualifiez la manière dont se juge le narrateur.**

Le sujet du brevet

Sujet

**Imaginez un épisode de la vie du jeune homme où se révèlent certains traits de caractère évoqués par Mauriac.
À votre gré, vous adopterez soit la forme du journal intime écrit à la première personne, soit le récit à la troisième personne.
Dans les deux cas, vous mettrez en évidence, de la façon la plus vivante possible, les sentiments de l'adolescent et ses réflexions.**

Travail préparatoire

Analyse du sujet

1 **Quels sont les principaux traits de caractère du jeune homme dont Mauriac brosse le portrait ?**

2 **Deux types de relation avec autrui sont décrites dans cet extrait ; lesquelles ? Votre rédaction devra-t-elle rendre compte de ces deux aspects ?**

3 **À quelle époque devrez-vous situer l'épisode que vous allez relater ?**

4 **Si vous voulez écrire dans le style de Mauriac, quelles sont les trois contraintes techniques que vous devrez respecter ?**

Conseils et écueils

• Aussi longtemps que vous n'avez pas parfaitement compris le texte, ne commencez pas votre devoir. L'extrait de base dont vous devez très largement vous inspirer est dense, compact : n'hésitez pas à le lire et à le relire.

• *A priori*, il semble plus facile de composer un devoir dans le ton du texte de Mauriac, c'est-à-dire en choisissant la première formule : la rédaction d'une page de journal intime. Celle-ci s'organisera autour de la relation d'un épisode de la vie du jeune homme.

Recherche des idées et élaboration du plan

• Votre imagination doit s'exercer dans trois domaines : inventer un épisode, attribuer des sentiments au héros, puis des réflexions. Sentiments et réflexions peuvent se mêler ; reste que les deux seront présents dans votre devoir : la consigne est formelle.

• Vous avez tout intérêt à relire l'extrait et à noter les principaux traits de caractère de l'adolescent. Au fil du texte, vous pouvez obtenir une liste de ce genre : morne, sans fraîcheur, sans spontanéité, triste, austère, peu communicatif, peu enjoué, solitaire, renfermé, susceptible, sensible, maladroit, ridicule, timide, orgueilleux, pédant, lucide, dur, inhumain, excessivement malheureux.

Exemple de rédaction

Voici, quelques lignes après l'extrait que vous avez étudié, la suite que Mauriac lui-même donne à son récit. Le narrateur a été malade et a dû interrompre ses études jusque-là brillantes. Il est parti se reposer à Arcachon avec sa mère, une veuve qui se consacre entièrement à lui ; c'est d'elle qu'il s'agit ici.

Oui, j'étais atroce : dans la petite salle à manger du chalet, sous la suspension qui éclairait nos repas, je ne répondais que par monosyllabes à ses timides questions ; ou bien je m'emportais brutalement au moindre prétexte et même sans motif.
Elle n'essayait pas de me comprendre ; elle n'entrait pas dans les raisons de mes fureurs, les subissait comme les colères d'un dieu : « c'était la maladie, disait-elle, il fallait détendre les nerfs. [...] » Elle ajoutait qu'elle était trop ignorante pour me comprendre : « Je reconnais qu'une vieille femme comme moi n'est pas une compagne bien agréable pour un garçon de ton âge. [...] »
Elle que j'avais vu si économe, pour ne pas dire avare, me donnait plus d'argent que je n'en demandais, me poussait à la dépense, me rapportait de Bordeaux des cravates ridicules que je refusais de porter.
Nous nous étions liés avec des voisins dont je courtisais la fille, non qu'elle me plût ; mais comme elle passait l'hiver à Arcachon pour se soigner, ma mère s'affolait à l'idée d'une contagion possible ou redoutait que je la compromisse et que je fusse engagé malgré moi. Je suis sûr aujourd'hui de m'être attaché, d'ailleurs vainement à cette conquête, pour imposer une angoisse à ma mère.

François Mauriac, *Le Nœud de vipères*, Grasset, 1993.

Remarque : cet extrait comporte deux épisodes, la convalescence qui suit la maladie et la relation que le narrateur entretient avec la jeune voisine. Vous ne devrez retenir, conformément au sujet, qu'un seul épisode.

5 Composez votre devoir, éventuellement en développant l'épisode que vous avez choisi.

Ce second extrait vous ayant permis de faire plus ample connaissance avec le narrateur, vous pouvez, bien évidemment, trouver d'autres idées pour votre devoir.

6 Quels sont les aspects de la personnalité du jeune homme qui ont été développés dans l'extrait ci-dessus ?

7 La rencontre

Bien lire le texte

L'aube surprit Angélo béat et muet mais réveillé. La hauteur de la colline l'avait preservé du peu de rosée qui tombe dans ces pays en été. Il bouchonna[1] son cheval avec une poignée de bruyère et roula son portemanteau[2].

Les oiseaux s'éveillaient dans le vallon où il descendit. Il ne faisait pas frais même dans les profondeurs encore couvertes des ténèbres de la nuit. Le ciel était entièrement éclairé d'élancements de lumière grise. Enfin, le soleil rouge, tout écrasé dans de longues herbes de nuages sombres, émergea des forêts.

Malgré la chaleur déjà étouffante, Angélo avait très soif de quelque chose de chaud. Comme il débouchait dans la vallée intermédiaire qui séparait les collines où il avait passé la nuit d'un massif plus haut et plus sauvage, étendu à deux ou trois lieues devant lui et sur lequel les premiers rayons du soleil faisaient luire le bronze de hautes chênaies, il vit une petite métairie au bord de la route et, dans le pré, une femme en jupon rouge qui ramassait le linge qu'elle avait étendu au serein[3].

Il s'approcha. Elle avait les épaules et les bras nus hors d'un cache-corset de toile dans lequel elle étalait également de fort gros seins très hâlés : « Pardon, madame, dit-il, ne pourriez-vous pas me donner un peu de café, en payant ? » Elle ne répondit pas tout de suite et il comprit qu'il avait fait une phrase trop polie. « Le *en payant* aussi est maladroit », dit-il. « Je peux vous donner du café, dit-elle, venez. » Elle était grande mais si compacte qu'elle tourna sur elle-même lentement comme un bateau. « La porte est là-bas », dit-elle en montrant le bout de la haie.

Il n'y avait dans la cuisine qu'un vieillard et beaucoup de mouches. Cependant, sur le poêle bas, enragé de feu, à côté d'une chaudronnée de son pour les cochons, la cafetière soufflait une si bonne odeur qu'Angélo trouva cette pièce toute noire de suie tout à fait charmante. Le son pour les cochons lui-même parlait un langage magnifique à son estomac peu satisfait de son souper de pain sec.

Jean Giono (1895-1970), *Le Hussard sur le toit*, Gallimard, 1951.

1. frotta. – **2.** étui en drap. – **3.** le soir.

Compréhension du texte

Vocabulaire

1 les « ténèbres » (l. 5)

a. Quelle remarque lexicale pouvez-vous faire sur ce mot ?

b. Citez un autre mot au moins ayant la même caractéristique.

2 Donnez un maximum de termes appartenant à la famille des mots qui suivent.

a. béat b. cheval c. lumière d. son

3 l'adjectif « frais » (l. 4)

a. Dressez le champ sémantique de cet adjectif.

b. Employez-le dans des phrases mettant en valeur ses différents sens.

4 Donnez la définition des mots suivants à la manière du dictionnaire.

a. l'aube b. une chênaie c. une métairie d. hâlé

Sens général du texte

5 Dans quels lieux l'action se déroule-t-elle ?

6 Composez une courte fiche qui précisera tout ce que vous avez appris sur le personnage principal du texte.

7 Résumez l'extrait en une phrase.

8 Quel est le personnage du texte qui vous paraît le plus sympathique ? Rédigez votre réponse en fournissant des arguments précis.

9 Trouvez deux autres titres explicites pour ce passage.

Les thèmes et les idées du texte

10 Quel est le thème principal du texte ?

11 Comment l'entrevue entre Angélo et la fermière se déroule-t-elle ? Quelles en sont les étapes ? Donnez un titre à chacune d'elle.

12 Citez trois autres thèmes de l'extrait.

13 Quel commentaire faites-vous sur l'expression « en payant » (l. 16) ?

Le sujet du brevet

Sujet

Imaginez une suite à ce récit.

Travail préparatoire

Analyse du sujet

1 À quel endroit l'action se déroule-t-elle ? ....

2 À quelle saison l'action se déroule-t-elle ? ....

3 Quelles sont les circonstances particulières qui rendent possible une rencontre entre Angélo et la fermière ?

4 Quels sont les grands traits de caractère des personnages présents dans le texte ?

5 Quel est le style de l'extrait ? son ton général ?

6 Quelle est l'ambiance de l'extrait ? Qualifiez-la.

Après avoir relu le texte efficacement, répondez soigneusement à ces questions. Cette méthode vous évite de partir sur de fausses pistes et de commettre des contresens sur le texte de base.

Conseils et écueils

• Ne commencez à travailler réellement qu'après vous être bien imprégné(e) de l'ambiance de l'extrait ainsi que du style de Giono.

• Respectez la situation de départ, la mentalité des personnages, le décor, l'époque.

• N'inventez pas des choses extraordinaires, invraisemblables.

Recherche des idées et élaboration du plan

Vous n'aurez pas à suivre un plan particulier dans ce devoir, qui ne demande pas une structure en grandes parties subdivisées en sous-parties. Néanmoins, chaque fois que vous exprimerez une idée, placez-la dans un paragraphe et retournez ensuite à la ligne en faisant un alinéa quand vous débuterez le paragraphe suivant.

Exemple de rédaction

Les lignes ci-dessous sont inspirées par la suite du roman de Giono.

Il but un bol de café avec d'autant plus de plaisir qu'il avait très soif et que le café était excellent.
La femme lui demanda alors quel était son métier et pour la rassurer, il répondit :
– Je suis un commerçant de Marseille.
– Ah bon ! Alors, si je comprends bien, vous voyagez pour vos affaires, s'exclama la fermière, visiblement contente de cette information.
– Tout à fait ! Je me rends dans la Drôme où j'ai beaucoup de clients. Mais comme j'aime la campagne et que j'ai un peu de temps devant moi, j'ai pris le chemin des écoliers, je flâne, je musarde.
Rassurée maintenant qu'elle en savait davantage sur ce jeune homme si élégant, aux manières de la ville, la femme proposa aimablement :
– Vous prendrez bien un œuf ? Ils sont frais de ce matin...
Angélo, qui mourait de faim et que le café avait mis en appétit, n'osait pas dire « oui ». La femme le sentit, et sans même attendre sa réponse, elle mit la poêle de fonte sur le feu.
Angélo se régala d'un festin qu'il n'était pas prêt d'oublier : avec l'œuf, grillé à point, la fermière lui servit une épaisse tranche de lard et quatre énormes tranches de pain.
Après qu'il eût fini son déjeuner, il proposa à son hôtesse de la payer. Mais elle se vexa, et repoussa sans façon le porte-monnaie qu'Angélo avait maladroitement sorti.
Le vieillard, qui n'avait pas perdu un mot de la conversation, dodelinait de la tête comme en signe d'acquiescement. Le soleil était haut. Angélo salua ses hôtes et, en les remerciant de tout son cœur, il reprit sa route.

Point culture

- Le roman de Giono dont est extrait le texte que vous venez d'étudier est *Le Hussard sur le toit.* Il a inspiré un film qui est sorti sur les écrans en 1995.
- Jean Giono est né à Manosque en 1895 et y est mort en 1970. Dans son roman autobiographique, *Jean le Bleu*, l'auteur évoque son enfance marquée par la Provence et par ses parents.
- De nombreux romans de Giono ont été portés à l'écran dès leur parution. Marcel Pagnol en réalisa un certain nombre comme *Angèle* ou *Regain*.
- Lisez *Un roi sans divertissement*, *Le Moulin de Pologne* ou *L'Iris de Suze*.

8 Les inconnus

Bien lire le texte

Tout à coup, entre deux petites gares dont il n'aurait pu dire le nom et dont il ne vit presque rien dans l'obscurité sinon des lignes de pluie devant une grosse lampe et des silhouettes humaines qui poussaient des chariots, Maigret se demanda ce qu'il faisait là.

Peut-être s'était-il assoupi un moment dans le compartiment surchauffé ? Il ne devait pas avoir perdu entièrement conscience car il savait qu'il était dans un train ; il en entendait le bruit monotone ; il aurait juré qu'il avait continué à voir, de loin en loin, dans l'étendue obscure des champs, les fenêtres éclairées d'une ferme isolée. Tout cela, et l'odeur de suie qui se mélangeait à celle de ses vêtements mouillés, restait réel, et aussi un murmure régulier de voix dans un compartiment voisin, mais cela perdait en quelque sorte de son actualité, cela ne se situait plus très bien dans l'espace, ni surtout dans le temps. [...]

Il entrouvrit les yeux, tira sur sa pipe qui s'était éteinte et son regard se posa sur l'homme assis dans l'autre coin du compartiment. Celui-ci aurait pu se trouver, jadis, dans le train qui le ramenait chez son père. Il aurait pu être le comte, ou le propriétaire du château, le personnage important du village ou de n'importe quelle petite ville.

Il portait un costume de golf de tweed clair et un imperméable comme on n'en voit que dans certains magasins très chers. Son chapeau était un chapeau de chasse vert, avec une minuscule plume de faisan glissée sous le ruban. Malgré la chaleur, il n'avait pas retiré ses gants fauves, car ces gens-là n'enlèvent jamais leurs gants dans un train ou dans une auto. Et, en dépit de la pluie, il n'y avait pas une tache de boue sur ses chaussures bien cirées.

Il devait avoir soixante-cinq ans. C'était déjà un vieux monsieur. N'est-il pas curieux que les hommes de cet âge-là se préoccupent tellement des détails de leur apparence ? Et qu'ils jouent encore à se distinguer du commun des mortels ?

Georges Simenon (1903-1989), *Maigret a peur*, Presses de la Cité, 1953.

Compréhension du texte

Vocabulaire

1 **« des chariots » (l. 3)**

a. De quel type de chariots s'agit-il dans le texte ? ....

b. Citez un maximum de mots appartenant à la même famille.

2 **Remplacez chacune des expressions suivantes par des expressions synonymes.**

a. « Peut-être s'était-il assoupi... » (l. 5) ....

b. « en dépit de la pluie... » (l. 21) ....

3 **Employez chacun des mots suivants dans une phrase qui mettra son sens en valeur.**

a. monotone b. régulier c. actualité d. le commun des mortels

4 **Relevez tous les mots et toutes les expressions appartenant au champ lexical du train, du chemin de fer.**

Sens général du texte

5 **Expliquez, dans un paragraphe rédigé, les expressions suivantes.**

a. « Maigret se demanda ce qu'il faisait là. » (l. 3-4)

b. « car ces gens-là n'enlèvent jamais leurs gants dans un train ou dans une auto » (l. 20-21)

6 **Combien de parties cet extrait comporte-t-il ?**

a. Délimitez-les. ....

b. Donnez-leur un titre. ....

7 **Résumez ce texte en un minimum de mots.**

Les thèmes et les idées du texte

8 **À quelles activités mentales Maigret se livre-t-il ?**

9 **Quel est le thème principal de l'extrait ? Citez trois thèmes secondaires.**

10 **Trouvez-vous personnellement curieux qu'à partir d'un certain âge on se préoccupe encore des détails de son apparence ?**

Quelle que soit votre réponse, justifiez-la.

11 **Comment, à votre avis, peut-on se distinguer du « commun des mortels » ?**

Le sujet du brevet

Sujet

Il vous est sans doute arrivé d'observer, dans les circonstances que vous préciserez, une personne inconnue, et d'imaginer son existence d'après son apparence et son comportement. Racontez.

Travail préparatoire

Analyse du sujet

1 Quelle part accorderez-vous au texte de Simenon dans la rédaction de votre devoir ?

2 Pouvez-vous « emprunter » un inconnu ou une inconnue à vos souvenirs littéraires ou cinématographiques ? Pour quelle raison ?

3 Quelle particularité le personnage que vous allez mettre en scène doit-il posséder ?

Conseils et écueils

• N'oubliez pas de préciser dans quelles circonstances particulières vous avez été conduit à observer un inconnu ou une inconnue, le sujet vous le demande expressément. Ces circonstances peuvent d'ailleurs introduire votre devoir.

• On vous demande de parler d'une personne et non de plusieurs. Vous devez donc opérer une sélection, un tri, et respecter cette contrainte. Évoquer plusieurs personnes – un groupe par exemple – serait malvenu.

Recherche des idées et élaboration du plan

Voici une suggestion de plan.

1. Les circonstances de la rencontre.

2. Portrait physique, voire en action, d'un inconnu ou d'une inconnue.

3. Hypothèses que vous formulez, au cours d'un monologue intérieur, sur cet inconnu.

Exemple de rédaction

C'était l'année dernière, au mois de mai, et j'attendais l'autobus qui devait me ramener à la maison, après les cours de l'après-midi.
Il faisait beau, j'étais arrivé depuis une minute à peine quand j'ai été distrait par un inconnu peu commun qui m'a littéralement captivé au point que je me suis mis d'abord à l'observer, puis à me poser des questions sur son identité, son travail, son existence.
Il était mince, d'allure sportive et paraissait très robuste. Il portait un imperméable mastic. Le col de son vêtement était relevé (ce qui m'étonna compte tenu de la tiédeur de l'air), mais il laissait découvrir un visage glabre. L'inconnu portait d'immenses lunettes noires que l'ensoleillement ne justifiait pas. Il avait à la main une mallette de forme curieuse, plate et longue mais qui ne devait pas contenir un instrument de musique.
Mon inconnu avait un étrange physique de héros des années cinquante. Héros de film ? de série policière ? de roman d'espionnage ? J'en étais à me demander s'il fallait le ranger dans la catégorie des bons ou des méchants, des détectives sans le sou ou des tueurs à gages, quand mon attention fut aussi attirée par son comportement pour le moins bizarre.
Il ne restait pas deux secondes en place. Il jetait autour de lui des regards circulaires, comme pour détecter des menaces. À un moment donné, il se mit à observer les toits des immeubles qui nous environnaient, comme s'il redoutait qu'il y ait des tueurs en embuscade. Cet homme se méfiait de tout et de tout le monde, il ne cessait de balayer l'horizon, comme pour se protéger des dangers. J'ai d'abord pensé qu'il craignait pour sa vie. Mais à une rigueur toute professionnelle de ces balayages qui étaient suffisamment discrets pour que certains de ses voisins ne les aient pas remarqués, et surtout à la manière dont il s'est engouffré dans l'autobus, j'ai compris que cet homme agile, leste, rapide dans ses mouvements devait être un garde du corps.
Assis dans l'autobus, non loin de l'inconnu, j'ai continué d'imaginer son existence. Qui protégeait-il ? une actrice de cinéma ? un homme politique ? un truand ?
Peut-être un jour le verrai-je à la télévision, peut-être un jour fera-t-il la une des journaux ! Je l'espère, sinon je n'en saurai jamais davantage sur cet énigmatique personnage.
Reste que, grâce à lui, j'ai passé un excellent moment, et que je suis arrivé à la maison tout à fait décontracté.

9 La consommation

Bien lire le texte

Daniel trouva Martine dans la cuisine avec un monsieur. Elle parut gênée. Un homme correctement habillé, des rubans à la boutonnière, assez grand, une petite moustache en brosse. Il fallait le regarder de plus près pour remarquer que ses poignets étaient élimés, que le veston foncé montrait sa trame, et le visage beaucoup de rides. Martine un peu plus rose que d'habitude, avec autour du cou de la soie turquoise qui lui allait très bien au teint, dit :

— Monsieur est représentant d'une maison qui vend à crédit.

— Établissements Portes et Cie... Monsieur Donelle, je présume ?

Le monsieur se leva.

— Parfaitement... Daniel se versa de l'apéritif dans le verre de Martine et s'assit sur le radiateur.

— Madame a choisi cet ensemble-studio, – le représentant ouvrait devant Daniel un catalogue –, Madame a un goût très sûr, excellent... C'est jeune, moderne... du chêne verni, naturel, de qualité irréprochable. L'armoire à glace offre d'incroyables possibilités de rangement. Table portefeuille. Le bahut pour la vaisselle est tout à fait suffisant pour un service de table et la verrerie...

— Tu comprends, dit Martine, excitée, l'armoire, on la mettrait dans la chambre...

— Madame est très pratique, approuva le représentant, le petit divan vaut plusieurs chaises, et si vous avez quelqu'un à coucher... Au-dessus, il y a un rayon pour les livres...

— Vous ne vendez pas de livres à crédit ? s'enquit Daniel.

— Non, Monsieur... Je regrette.

— Vous en vendriez, je crois... Au mètre, juste ce qu'il faut pour remplir le rayon.

Elsa Triolet (1896-1970), *Roses à crédit*, Gallimard, 1959.

Compréhension du texte

Vocabulaire

1 **« des rubans à la boutonnière » (l. 2)**

a. Quels sont, à votre avis, les rubans que porte ce monsieur ?

b. Quel commentaire faites-vous ?

2 **Quelle idée commune pouvez-vous dégager de la mention des deux détails suivants ?**

a. « ses poignets étaient élimés » (l. 3-4)

b. « le veston foncé montrait sa trame » (l. 4)

3 **« une maison qui vend à crédit » (l. 7)**

a. Définissez la vente à crédit.

b. Quel est le contraire d'un paiement à crédit ?

4 **« Madame est très pratique » (l. 23)**

a. Quel est le sens particulier de l'adjectif « pratique » ?

b. Donnez un synonyme de « pratique », employé dans un autre sens.

Sens général du texte

5 **Les protagonistes du texte**

a. Identifiez-les.

b. Précisez ce que fait chacun d'eux.

6 **Quel est l'objectif du « monsieur » ? Pour quelles raisons à votre avis ?**

7 **Dans quel état d'esprit Martine se trouve-t-elle ?**

Les thèmes et les idées du texte

8 **Dans quel état d'esprit Daniel se trouve-t-il ? Comment réagit-il ? Commentez sa dernière réplique.**

9 **Pourquoi Daniel réagit-il ainsi ? Contre quel phénomène lutte-t-il ?**

10 **Qu'appelle-t-on la société de consommation ? Définissez-la en quelques lignes. Que serait une société à l'opposé de celle-ci ?**

11 **Trouvez deux titres humoristiques pour ce passage.**

12 **Projetez-vous dans le texte.**

Seriez-vous à la place de Martine qui se laisse convaincre d'acheter des meubles, ou à la place de Daniel qui est beaucoup plus méfiant ?

Le sujet du brevet

Sujet

Imaginez la scène antérieure au cours de laquelle le représentant a essayé de convaincre Martine d'acheter « l'ensemble-studio ».
Vous veillerez à respecter la forme du texte original (récit et dialogue).

Travail préparatoire

Analyse du sujet

1 Par rapport à l'extrait étudié, à quel moment se situera la scène que vous allez raconter ? Quel contresens pourriez-vous commettre ? Pour quelle raison ?

2 Qu'est-ce qu'un « ensemble-studio » ? En vous aidant des informations fournies par le texte et de votre bon sens, donnez de « l'ensemble-studio » une définition qui soit la plus complète possible.

3 Quels peuvent être – objectivement – les avantages d'un ensemble-studio ? Quels peuvent en être les inconvénients ?

4 D'après le vendeur, quels sont les trois atouts majeurs de l'ensemble-studio ?

Conseils et écueils

• Ne commencez à travailler qu'après avoir bien compris le texte et notamment les relations entre les personnages : le vendeur qui veut vendre à tout prix, car il est probablement payé à la commission, l'acheteuse éventuelle qui n'a pas de réel besoin mais qui est attirée par cet ensemble-studio.

• Imprégnez-vous du ton bien particulier du texte, et comme le demande la consigne, faites alterner le récit et le dialogue.

Exemple de rédaction

Il était six heures et Martine s'installa confortablement dans un fauteuil. Daniel ne tarderait pas à rentrer, elle l'attendrait tranquillement, en feuilletant distraitement un magazine féminin. Elle était précisément en train de s'extasier sur des sacs à main de toute beauté quand on sonna. Elle se précipita, croyant que c'était Daniel.
Quelle ne fut pas sa surprise de découvrir un inconnu à la porte !

Avant qu'elle n'ait le temps de prononcer une parole, l'inconnu s'inclina respectueusement :
– Madame, permettez-moi de me présenter, je m'appelle monsieur Renaud et je représente la fameuse maison Portes et Cie.
Martine fit une moue évasive. Ce nom-là ne lui disait absolument rien.
– Me permettrez-vous d'entrer chez vous quelques instants ? Je voudrais juste que vous jetiez un petit coup d'œil sur notre nouveau catalogue.
L'inconnu avait l'air sérieux, il avait un visage agréable et inspirait confiance. Et puis peut-être vendait-il ces superbes sacs à main qu'elle venait de voir sur le magazine ? S'il les vendait bien moins cher, à prix coûtant, par exemple...
– Entrez donc, je vous en prie.
– Vous avez beaucoup de goût, chère madame, ce n'est pas un studio, c'est un petit palais que vous habitez là.
Martine, qui n'avait jamais eu confiance en elle, adorait les compliments. Elle rosit de plaisir. Pendant qu'elle se remettait de cette douce flatterie, Renaud embraya :
– Mais dites-moi, vous avez assez de place pour ranger toutes vos affaires ? (Il la regarda de la tête aux pieds.) Pour une femme aussi coquette que vous, ce ne doit pas être une mince affaire de tout caser dans une aussi petite armoire : les corsages, les robes, les bas, et tout ce qu'aime porter une jolie femme...
Martine haussa les épaules. C'est vrai qu'elle se heurtait à des problèmes de rangement. Elle allait répondre :
– Oh, je me débrouille...
Mais elle n'en eut pas le temps, Renaud réattaquait, l'air faussement surpris, faussement contrit.
– Mais, vous ne pouvez recevoir personne à dîner ? Où invitez-vous donc vos amis ? (Et comme s'il se parlait à lui-même.) Je sais ce qui lui faudrait : c'est une table portefeuille !
Il sembla mu par une subite inspiration :
– Chère petite madame, j'ai précisément ce qu'il vous faut.
Il sortit un catalogue de sa poche.
– Asseyez-vous, je vous en prie, murmura Martine, curieuse de découvrir les produits du catalogue d'un homme au demeurant si aimable et qui avait tout de suite compris ses problèmes.
– Regardez cet ensemble-studio : on croirait qu'il a été créé spécialement pour vous : si vous l'aviez, tous vos problèmes d'espace seraient réglés d'un seul coup.
– Mais qu'est-ce que je ferais de mon armoire ? hasarda Martine.
– Vous la mettriez dans votre chambre...
Martine soupira d'aise : comme il était beau, cet ensemble-studio ! Il avait un côté chic, cossu, rassurant.
À cet instant, on entendit le bruit des clés dans la serrure.
– C'est mon mari qui rentre, murmura Martine qui ne pouvait détacher son regard de l'ensemble-studio en chêne verni.

10 Les métiers

Bien lire le texte

C'était un petit garçon tout rond, et il était tellement curieux qu'à force de se pencher sur les choses pour mieux les voir, il en était resté bossu. C'est pourquoi on l'appelait Rouletabosse. [...]

Tout cela n'aurait pas duré si longtemps si, le jour de ses huit ans, Rouletabosse n'avait fait une rencontre qui devait lui révéler sa vocation et déterminer le cours de son existence.

Ce jour-là, en rentrant de l'école, il s'arrêta au carrefour de la Poste pour regarder un camion qui, ayant manqué le virage, était entré dans la vitrine du marchand de légumes. À vrai dire, l'événement n'avait rien d'extraordinaire, car le carrefour de la Poste était connu comme très dangereux et, depuis dix ans, le conseil municipal discutait tous les mercredis pour savoir s'il convenait d'y mettre un « stop », un feu de signalisation ou un agent de police. S'il n'y avait eu que deux solutions, les conseillers auraient bien fini par voter pour l'une ou pour l'autre, mais entre les trois ils n'arrivaient pas à se départager. C'est ainsi qu'au moins cinq ou six fois par an un vélomoteur, une voiture ou un camion manquait le virage et entrait dans une des vitrines du carrefour. D'habitude, c'était plutôt celle du quincaillier ou bien celle du coiffeur, mais cette fois le camion avait légèrement dérapé et la cible avait été le marchand de légumes.

Ce genre de détail intéressait toujours Rouletabosse. Le nez au ras du goudron, il se faufila entre les jambes des badauds, esquiva celles des gendarmes et réussit à suivre la trace d'un des pneus jusqu'à la roue arrière gauche. Comme il la contournait furtivement, les yeux au sol, il tomba dans les jambes d'un homme qui avait l'air de se cacher lui aussi. C'était un grand garçon maigre, avec des cheveux mal peignés et une longue moustache triste. Tout comme Rouletabosse, il fourrait son nez partout et griffonnait sans cesse dans un carnet. De temps en temps, il tirait un appareil photographique de la sacoche qu'il portait en bandoulière et faisait marcher le flash. Ébloui par les éclairs, Rouletabosse restait devant lui, bouche bée, à la fois admiratif et perplexe, car cet homme faisait exactement ce qu'il aimait faire, mais il le faisait beaucoup mieux que lui.

Robert Escarpit (né en 1918), *Les Reportages de Rouletabosse*, Magnard.

Compréhension du texte

Vocabulaire

1 **Définissez chacun des mots suivants à la manière du dictionnaire.**

a. une vocation b. un badaud c. esquiver d. furtivement

2 **Donnez un synonyme pour chaque mot ou expression du texte.**

a. « révéler » (l. 6) : ....

b. « le cours de son existence » (l. 7) : ....

c. « départager » (l. 18) : ....

d. « fourrait son nez partout » (l. 28) : ....

3 **Précisez le sens des mots suivants et donnez un maximum de mots de la même famille.**

a. curieux b. existence c. perplexe d. exactement

4 **Que signifie l'expression « bouche bée » (l. 31) ?**

Sens général du texte

5 **Présentez l'essentiel de ce que dit le texte sur Rouletabosse en un paragraphe soigneusement rédigé.**

6 **Quelles sont les différentes parties de l'extrait ? Délimitez-les et donnez-leur un titre.**

7 **Quelle est la profession du jeune homme qui éblouit Rouletabosse ?**

Les thèmes et les idées du texte

8 **Quel est le thème principal de l'extrait ?** ....

9 **Quels sont les thèmes secondaires du texte ? Citez-en trois.**

10 **Quelle est la vision du journalisme présentée dans cet extrait ? Qualifiez-la.**

11 **Auriez-vous éprouvé les mêmes sentiments que Rouletabosse face au journaliste ? Justifiez votre réponse.**

12 **Qu'est-ce que la curiosité ? Définissez-la en un court paragraphe qui présentera ses aspects positifs et négatifs.**

13 **Qu'est-ce qu'une vocation artistique ?**

Le sujet du brevet

Sujet

Rouletabosse a obtenu de l'homme qu'il a rencontré une entrevue pour l'interroger sur son métier. Imaginez cette rencontre et leur conversation.

Travail préparatoire

Analyse du sujet

1 **Que savez-vous de Rouletabosse ? Notez toutes les indications importantes que vous fournit le texte.**

2 **Que savez-vous du journaliste qui reçoit Rouletabosse ? Précisez ce que le texte vous apprend sur sa personnalité, sa profession.**

3 **Quel est l'événement qui va permettre une rencontre entre les deux protagonistes ? Quel parti pouvez-vous en tirer ?**

4 **Y a-t-il des points communs entre le journaliste et Rouletabosse ? Si oui, lesquels ?**

5 **Dans quel style allez-vous rédiger votre expression écrite ?**

Conseils et écueils

• Compte tenu de son âge, Rouletabosse ne s'exprime pas comme un adulte. Néanmoins, il est curieux et éveillé. Il importe donc que vous trouviez le ton juste.

• Peu d'indications vous sont fournies sur le journaliste ; raison de plus pour les relever et les exploiter judicieusement, sans négliger celles qui concernent son aspect physique :
– « un grand garçon maigre » ;
– « cheveux mal peignés » ;
– « longue moustache grise ».

Recherche des idées et élaboration du plan

• Vous avez tout intérêt à suivre le déroulement chronologique d'un entretien entre l'enfant et le journaliste.

• Le dialogue donnera de la vivacité à votre devoir.

• Le plan est simple dans le détail : l'enfant veut apprendre ce qu'est le métier de journaliste, le journaliste lui livre des informations sur son travail.

Exemple de rédaction

C'est avec une certaine appréhension que Rouletabosse se rendit le mercredi suivant dans les bureaux de *L'Écho de la plaine*. Le journaliste qu'il avait rencontré lors de l'accident du camion avait consenti à le recevoir. Il faut dire qu'il n'avait pas manqué d'insister. Il avait même un peu menti en prétendant qu'à l'école on leur demandait d'effectuer une enquête sur un métier, enquête qui serait ensuite notée.

– Je ne voudrais pas qu'un gentil gamin comme toi ait une mauvaise note à cause de moi, passe donc mercredi à onze heures. Je m'appelle Jean Dupont ; au journal, tout le monde me connaît !

Dès qu'il fut arrivé au journal, une des femmes de la réception le dirigea vers le bureau de Jean Dupont.

– Installe-toi, il ne va pas tarder, il est juste allé faire un tour au labo.

Ce mot « labo » à lui seul enchanta Rouletabosse qui ne vit pas l'innommable fouillis du bureau.

– Alors, qu'est-ce que tu veux savoir, jeune homme ? demanda Jean Dupont avant même d'avoir pris le temps de s'installer derrière son bureau et ses piles de dossiers.

Rouletabosse, très professionnel, sortit son carnet, et d'une voix très posée demanda :

– Quelle est votre formation ?

Dupont éclata de rire.

– Figure-toi que j'étais prof. Et puis j'en ai eu assez des petits mouflets dans ton genre et je suis entré à *L'Écho*, il y a dix ans.

Rouletabosse écarquilla les yeux :

– Vous avez dû en voir des histoires en tant d'années !

– Penses-tu ! Qu'est-ce que tu crois ? Tu ne confondrais pas un peu les grands reportages qui mènent les journalistes là où il y a des guerres, des révolutions, des tremblements de terre et notre petit journalisme tranquille de province ?

– Pas du tout, répliqua Rouletabosse, offusqué qu'on puisse le prendre pour un nigaud. Je fais bien la différence. D'ailleurs, maman m'a dit que *L'Écho* était une feuille de chou.

– Charmant ! Et que t'a-t-elle dit d'autre ta maman ? Elle t'a confié que je fais la rubrique des chiens écrasés ?

– Eh bien non, pas du tout. Elle m'a dit que vous étiez le meilleur et que vous ne vous contentiez pas de faire des comptes rendus pour les banquets des pompiers ou les mariages des employés communaux ; elle m'a dit que vous teniez la rubrique judiciaire !

Dupont se redressa imperceptiblement et cessa de jouer avec sa moustache.

– Elle a raison sur toute la ligne, ta maman. Tu veux que je te parle de ma dernière enquête ?

Et la conversation se poursuivit. Rouletabosse en oublia d'avoir faim, il buvait les paroles de Dupont. Une vocation était née.

Révision 2

Vocabulaire

Répondez à chacune de ces questions portant sur des mots ou des expressions que vous avez étudiés au cours des cinq séquences précédentes.

1 **Que veut-on dire quand on affirme que quelqu'un est « susceptible » ?**

....

2 **Fournissez un maximum d'antonymes de l'adjectif « morne ».**

....

3 **Quel mot désigne l'aurore dans le texte de Giono, dont le héros est Angélo ?**

....

4 **Que signifie l'expression « le commun des mortels » ?**

....

5 **Quel est le sens de « perplexe » ?** ....

.... /5

Style

Voici cinq erreurs de style, assez grossières, extraites de copies d'élèves.
a. Identifiez chacune de ces erreurs.
b. Précisez ce qui constitue la faute (il n'y a qu'une seule erreur par exercice).
c. Proposez une correction.
Reportez-vous à l'exemple de la page 28.

6 **Il était une fois un petit garçon qui avait huit ans, qui s'appelait Rouletabosse et dont tout le monde savait qu'il était très curieux.**

7 **J'ai pris des résolutions comme aller vers les autres.**

8 **À la fin du studio il y avait une étagère.**

9 **La plupart des passagers prirent son mal en patience et attendirent le train suivant.**

10 **Il fit un repas frugal, raffiné et copieux.** /5

Point culture

Répondez à chacune des questions de culture générale portant sur les textes et les exercices que vous avez étudiés dans les cinq séquences précédentes.

11 **De quel roman de Giono – dont il a été tiré un film en 1995 – est extrait le texte « La rencontre » ?** ....

12 **Dans « Les métiers », le journaliste couvre les accidents de la circulation ; sans doute est-il chargé de la rubrique des faits divers. À quels autres types de journalisme cette activité s'oppose-t-elle ?**

13 **Quel est le contraire d'un paiement à crédit ?** ....

14 **Quel est le titre du roman d'Elsa Triolet qui met en scène Martine et le représentant en meubles ?** ....

15 **Dites tout ce que vous savez sur Maigret, le héros de Georges Simenon (notez ce que vous avez appris dans l'extrait « Les inconnus », mais aussi ce que vous connaissez par les lectures expliquées, les lectures suivies, les téléfilms, les films).**

16 **Citez trois titres de romans de Simenon (dans lesquels Maigret intervient ou n'intervient pas). Souvenez-vous des textes que vous avez pu expliquer en classe, mais aussi des films ou des pièces que vous avez vus à la télévision.**

17 **Vrai ou faux ?**

a. Simenon est Belge. ....

b. Il vécut de 1903 à 1989. ....

c. Avant de vivre de ses romans, il fut grand reporter. ....

18 **Quel patronyme inscrivez-vous après ces titres ?**

a. *Le Moulin de Pologne.*

b. *L'Iris de Suze.*

c. *Le Hussard sur le toit.*

19 **Qui est l'auteur du roman *Le Nœud de vipères* ?** ....

20 **Quel intrus s'est glissé dans la liste suivante ?**

a. *Nana*

b. *Au Bonheur des Dames*

c. *La Faute de l'abbé Mouret*

d. *Illusions perdues*

/10

Comparez vos réponses avec celles des corrigés pp. 113-114, puis calculez votre score sur 20.

TOTAL /20

Le sujet de réflexion

Qu'est-ce qu'un sujet de réflexion ?

Le sujet de réflexion vous demande de discuter une ou plusieurs idées d'un texte d'auteur, que vous aurez étudié préalablement en répondant à des questions de grammaire, de vocabulaire et de compréhension. **Ce texte traite de problèmes plus ou moins graves dont vous avez déjà entendu parler ou qui vous sont familiers.**

Exemples de sujets :

Exemple 1

Le sujet de français de l'académie de Bordeaux, en juin 1995, proposait l'étude d'un texte extrait du roman *Le Temps des amours*, de Marcel Pagnol. En plein cours de latin, Marcel a tenté d'accrocher au plafond une caricature de son professeur, un barbu nommé Socrate. Pris sur le fait, il est aussitôt envoyé en permanence.
Le sujet de réflexion associé à ce texte était : « Punition, exclusion du groupe, retenue... sont parfois pratiquées dans le monde scolaire. Que pensez-vous de ces sanctions ? Croyez-vous en leur utilité ? Pouvez-vous proposer des solutions plus efficaces ? »

Exemple 2

Le sujet de l'académie de Caen, en juin 1995, proposait un texte de Marguerite Malthète-Méliès sur la naissance du film publicitaire. Le sujet de réflexion était : « Attendez-vous de la publicité qu'elle vous amuse ou vous informe ? En analysant des procédés caractéristiques du film publicitaire, vous direz à quels aspects de son message vous êtes le plus sensible. »

Quelles sont les aptitudes requises pour ce type de sujet ?

1 Une technique particulière

Cette technique va vous être enseignée dans les pages qui suivent et vous allez vous y exercer. Il n'y a aucune raison pour que vous ne parveniez pas à la maîtriser.

2 Une certaine culture générale

Il vous faudra avoir un certain nombre d'idées sur quelques thèmes. Cette perspective ne doit pas vous affoler : on vous demande des idées simples sur des sujets à votre portée. Vous êtes conduit(e) à vous interroger sur des thèmes qui vous sont familiers. À titre d'exemple, en voici un certain nombre : l'admiration, l'adolescence, l'ambition, l'amour, l'apparence, l'argent, la beauté, le cinéma, le courage, la délinquance, l'éducation, l'exclusion sociale, la faim, la fête, la générosité, la jeunesse, la liberté, le métier, le mode de vie, la nature, les relations parents-enfants, le progrès, la publicité, le racisme, le souvenir, le sport, la télévision, le travail, la violence, le voyage.

Pour que cette culture générale dont vous disposez soit immédiatement opérationnelle le jour de l'examen, vous avez tout intérêt à vous composer des fiches :
– reprenez la liste des thèmes que vous venez de lire ;
– inscrivez chaque thème sur une feuille ;
– sur cette feuille, notez tout ce que vous avez déjà sur le thème : définition, exemples personnels ou littéraires, citations, arguments lus ou entendus lors d'un débat télévisé, etc.

Supposez qu'en lecture suivie vous ayez étudié *L'Ami retrouvé* de Fred Uhlman : vous pouvez ouvrir ou compléter des fiches sur l'admiration, l'amitié, le racisme... en notant de courts extraits significatifs du roman.

Comment traiter un sujet de réflexion ?

Les sujets de réflexion, tout comme d'ailleurs les sujets de dissertation, obéissent à des règles très précises.

Ils sont en quelque sorte « codés », et vous devez vous plier aux lois du genre, à ses contraintes, pour élaborer des devoirs conformes à ceux que l'on attend de vous, en ce qui concerne le point de vue formel, en tout cas.

Ce « code », reposant sur la logique et le bon sens, est d'ailleurs simple à comprendre et à appliquer.

Une bonne copie de ce type de sujet comprend toujours et obligatoirement trois parties : **a.** une introduction, **b.** un développement, **c.** une conclusion.

1 L'aspect visuel de votre devoir

Chacune de ces trois parties doit apparaître très nettement sur votre feuille. Dès le premier coup d'œil, le correcteur peut juger si le devoir obéit ou non aux normes du genre.

D'un point de vue matériel, visuel, une bonne copie présentera trois blocs d'inégale longueur. Ces blocs seront séparés les uns des autres par une ou deux lignes blanches.

a. L'introduction

L'introduction comportera de cinq à huit lignes.

Elle se composera de trois courts paragraphes débutant chacun par un alinéa de deux à trois carreaux. Dans certains cas, pour émettre une idée simple, le paragraphe sera réduit : il ne s'agira que d'une phrase, débutant toujours par un alinéa.

b. Le développement

Le développement est le cœur de votre devoir, c'est la partie la plus importante. Il comportera une vingtaine de lignes environ, une trentaine au maximum. Les grandes parties, les articulations de votre développement apparaîtront clairement grâce aux retours à la ligne et aux alinéas. D'un unique coup d'œil, le lecteur pourra donc se rendre compte du nombre de parties qui composent votre développement.

Les sous-parties des grandes parties apparaîtront également, sous forme de petits paragraphes.

D'une manière générale, n'hésitez jamais à améliorer la présentation de vos devoirs, pour le confort de votre lecteur, confort visuel aussi bien qu'intellectuel.

c. La conclusion

La conclusion est en symétrie avec l'introduction. Elle comportera également de cinq à huit lignes. Elle se composera de trois courts paragraphes débutant par un alinéa de deux à trois carreaux. Là aussi, dans certains cas, pour émettre une idée très simple, le paragraphe sera réduit : il ne s'agira que d'une phrase, débutant toujours par un alinéa.

2 Le contenu de chacune des parties de votre devoir

a. L'introduction

Comme son nom l'indique, elle introduit le sujet, l'amène progressivement, de manière que le lecteur entre par paliers, et non brutalement, dans la problématique que vous allez traiter.

Les trois parties de l'introduction sont les suivantes :

■ L'amorce

Une ou plusieurs phrases (jamais plus de trois) annoncent le sujet, lancent le devoir, présentent le ou les mots clés de votre texte. Elles indiquent clairement de quel thème il va s'agir dans la copie.

Après avoir lu cette amorce courte et simple, le lecteur va savoir sans aucune ambiguïté si vous allez traiter de l'amitié, de la violence, de l'argent, des rapports entre les professeurs et leurs élèves, de la nature, de la civilisation, etc.

■ La présentation du sujet

Le sujet que l'on vous a donné à traiter est parfois assez long. Son libellé fournit des détails qui sont destinés à vous faire éviter certaines erreurs. Il n'hésite pas quelquefois à répéter la même question, en termes légèrement différents de manière à vous permettre de bien comprendre le sujet. Votre présentation sera claire, brève, simple.

■ L'annonce du plan

Cette dernière partie de votre introduction peut être comparée à une sorte de menu. Vous y énumérez les grandes parties de votre devoir, vous annoncez les différents points que vous allez développer et ce, bien entendu, dans l'ordre que vous allez suivre dans votre développement.

b. Le développement

Il est composé de deux parties au minimum, quatre parties au maximum.

Chaque grande partie exprime une idée importante ; elle se subdivise en petits paragraphes organisés eux-mêmes autour d'une idée ou d'un exemple précis (voyez le point 1).

c. La conclusion

Elle comprend trois parties :

- **La reprise**
Une phrase ou plusieurs restituent rapidement le sujet, la problématique.
- **Le bilan**
Une phrase ou plusieurs tirent une conclusion du débat qui a été ouvert.
- **L'ouverture**
Une perspective dans le droit fil du sujet est proposée en une phrase ou deux pour ouvrir le sujet et relancer éventuellement un débat légèrement différent.

3 Les différentes étapes du travail

a. Analyse du sujet

- Lisez lentement le sujet à plusieurs reprises.
- Repérez le ou les mots clés et encadrez-les ; cherchez-en le sens exact.
- Comprenez l'ensemble du sujet après en avoir compris le détail.

b. Recherche des idées et élaboration du plan

Dans la plupart des sujets qui vous sont proposés – et pour tous ceux qui vous sont donnés à traiter dans ce volume –, le libellé du sujet vous suggère un plan.

- Notez les grands titres de votre plan, les grandes parties de votre devoir. Notez-les à chaque fois sur une feuille séparée.
- Distribuez vos idées dans les grandes catégories, dans les grandes parties de votre devoir.
- Chaque idée – qui n'est pas rédigée, mais que vous avez consignée clairement et rapidement – fournira la matière d'un court paragraphe de votre développement.
- Vérifiez que toutes les idées sont bien à leur place dans la grande partie du développement qui leur correspond ; vérifiez que vous n'avez pas exprimé plusieurs fois la même opinion en termes légèrement différents.

c. Rédaction du devoir

- Rédigez mentalement, puis par écrit, votre introduction et votre conclusion au brouillon.
- Recopiez-les après les avoir soigneusement relues et corrigées.
- Composez chaque phrase de votre développement mentalement, puis par écrit, en respectant bien entendu l'ordre de votre plan avec ses grandes parties et ses sous-parties.

11 Le voyage à pied

Bien lire le texte

Vous savez mon goût. Toutes les fois que je puis continuer un peu ma route à pied, c'est-à-dire convertir le voyage en promenade, je n'y manque pas. Rien n'est charmant, à mon sens, comme cette façon de voyager.

À pied ! On s'appartient, on est libre, on est joyeux : on est tout entier et sans partage aux incidents de la route, à la ferme où l'on déjeune, à l'arbre où l'on s'abrite, à l'église où l'on se réveille. On part, on s'arrête, on repart ; rien ne gêne, rien ne retient. On va et on rêve devant soi. La marche berce la rêverie : la rêverie voile la fatigue. La beauté du paysage cache la longueur du chemin. On ne voyage pas, on erre. À chaque pas qu'on fait, il vous vient une idée. Il semble qu'on sente des essaims éclore et bourdonner dans son cerveau. Bien des fois, assis à l'ombre au bord d'une grande route, à côté d'une petite source vive d'où sortaient avec l'eau la joie, la vie et la fraîcheur, sous un orme plein d'oiseaux, reposé, serein, heureux, doucement occupé de mille songes, j'ai regardé avec compassion passer devant moi, comme un tourbillon où roule la foudre, la chaise de poste[1], cette chose étincelante et rapide qui contient je ne sais quels voyageurs lents, lourds, ennuyés et assoupis ; cet éclair qui emporte des tortues.

Et puis tout vient à l'homme qui marche. Il ne lui surgit pas seulement des idées, il lui échoit des aventures ; et, pour ma part, j'aime fort les aventures qui m'arrivent. S'il est amusant pour autrui d'inventer des aventures, il est amusant pour soi-même d'en avoir.

Victor Hugo (1802-1885), *Le Rhin*, Lettre XX, 1892.

1. ancienne voiture de voyageurs.

Compréhension du texte

Vocabulaire

1 Donnez un synonyme de chacun des mots suivants en vous aidant du contexte.

a. vous savez (l. 1) : ....

b. convertir (l. 2)) : ....

c. incidents (l. 5)) : ....

d. songes (l. 13)) : ....

2 « incident » et « accident »

Attention aux confusions paronymiques[1] ! Employez ces mots dans deux phrases soigneusement rédigées qui mettront leur sens en valeur.

3 la « compassion » (l. 13)

Vous avez déjà éprouvé de la compassion. Dans un paragraphe de cinq lignes environ, qui éclairera parfaitement le sens du mot, précisez en quelles circonstances.

Sens général du texte

4 Répondez brièvement aux questions suivantes.

a. Qui parle ? ....

b. Sur quel ton ? ....

c. Dans quel esprit ? Dans quelle optique ? ....

d. Reprenez vos réponses et présentez-les dans une phrase rédigée.

5 Quels sentiments l'auteur éprouve-t-il au bord de la source ?

Rédigez une réponse qui commencera ainsi : « Quand il est au bord de la source, le narrateur... »

6 Préférez-vous les eaux vives (sources, cascades, ruisseaux, rivières) ou, au contraire, les eaux dormantes (lacs, mares) ?

Répondez avec sincérité et en justifiant votre goût. Vous pourrez adopter le plan suivant :

a. Je n'aime pas les eaux... parce que...

b. J'aime les eaux... parce que...

Soyez clair et utilisez un minimum de mots.

Les thèmes et les idées du texte

7 Faites un relevé exhaustif et précis des principales idées du texte et des thèmes qu'il aborde (au moins six thèmes ou six idées).

Suivez l'ordre de l'extrait ; transcrivez les thèmes et les idées en formules simples.
Exemple : *l'amour du voyage à pied...*

1. des paronymes sont des mots qui se ressemblent.

Le sujet du brevet

Sujet

« J'aime fort les aventures qui m'arrivent », écrit Victor Hugo. Partagez-vous ce goût de l'auteur ou, au contraire, détestez-vous l'imprévu ? Dans un développement ordonné, vous présenterez les raisons de votre préférence.

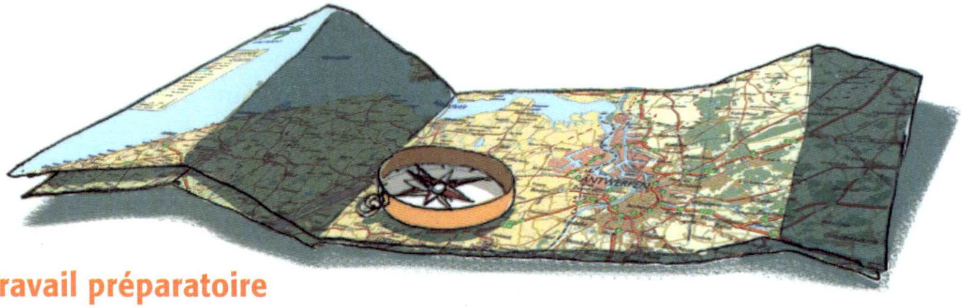

Travail préparatoire

Analyse du sujet

1 De quel type d'aventures s'agit-il ? ....

2 Quel rapport ce sujet entretient-il avec le texte de base ? (Rapport étroit, très étroit, assez vague, inexistant ?)

3 Qu'est-ce que l'imprévu dont il est question ?

4 Le sujet suggère-t-il un plan ? Si oui, lequel ?

5 Recherchez dans le dictionnaire la définition des mots **« aventure »** et **« imprévu »** ; recopiez le ou les sens en rapport avec le sujet.

6 Posez-vous la question : quand ai-je été confronté(e) à l'aventure et à l'imprévu ?

Notez deux exemples au moins. Fournissez les précisions qui en feront des anecdotes claires et complètes. Quand était-ce ? Où ? Avec qui étais-je ? Quelles ont été mes réactions et mes sentiments ?

Conseils et écueils

- On vous pose une question simple à laquelle vous devez répondre avec simplicité et sincérité.
- Le hors sujet peut consister ici à ne pas prendre assez de recul vis-à-vis du texte de Victor Hugo et à raconter une promenade dans la nature.
- Le hors-sujet peut consister aussi à parler de soi, de sa vie, mais en oubliant de recentrer le propos sur les notions d'aventure et d'imprévu.
- Ne racontez pas une aventure invraisemblable qui vous ferait rencontrer un extra-terrestre, par exemple.

Recherche des idées et élaboration du plan

Le libellé du sujet vous propose un plan pour le développement. Celui-ci pourra être, en fonction de votre opinion, soit :
– j'aime l'imprévu parce que... (suivront les raisons) ;
– je n'aime pas l'imprévu parce que... (suivront les raisons).

Dans l'un et l'autre cas, les raisons seront exprimées dans un certain ordre et non pas les unes à la suite des autres.

7 **Voici un certain nombre d'idées que vous pouvez faire valoir pour traiter le point de vue « j'aime l'imprévu parce que... » :**

a. repousser ses propres limites, se tester soi-même

b. rupture avec le quotidien

c. tester les autres, les jauger et les juger

d. éprouver des sensations nouvelles

e. faire de nouvelles rencontres

f. avoir l'impression d'être un héros de roman ou de film

Ces idées sont placées dans le désordre : regroupez-les en deux grands ensembles ; composez une phrase-titre pour chacune de ces deux grandes parties du développement.

Rédaction du devoir

Gros plan sur l'introduction

8 **Nous vous proposons ci-dessous une introduction possible. Elle comporte bien les trois parties nécessaires à une introduction bien construite... mais ces trois parties sont placées dans le désordre. À vous de rétablir l'ordre logique.**

a. Face à ce que nous n'attendions pas, comment réagissons-nous ? bien ou mal ? Personnellement, j'ai un goût prononcé pour l'aventure et pour l'imprévu.

b. L'aventure désigne étymologiquement « ce qui nous arrive » : tout ce que l'avenir nous livre de bon ou de moins bon. Mais le mot « aventure » s'est spécialisé peu à peu pour désigner ce qui nous arrive de surprenant, de fâcheux, d'imprévu. Est imprévu ce qui est soudain et accidentel... C'est dire si les mots « aventure » et « imprévu » sont à la fois porteurs d'éléments positifs et négatifs.

c. Chacun de nous est fatalement confronté un jour ou l'autre à l'aventure, à l'imprévu (malgré lui) ; chacun de nous peut choisir de participer à une aventure qui se révélera riche d'imprévu.

Point culture

La recherche de l'aventure est une des constantes de l'âme humaine (les voyages de Christophe Colomb, les expéditions sur la Lune...) et la littérature s'en fait le miroir :

- faites des recherches sur la conquête de l'espace et notez-en les grandes étapes ;
- lisez *Objectif Lune* et *On a marché sur la Lune* de Hergé.

12 La passion

Bien lire le texte

Deux amis passionnés de géologie et de paléontologie explorent la falaise des Hachettes, sur la côte normande, à la recherche de fossiles. Un alligator y aurait déjà été découvert en 1825 !

Ils titubaient sur des herbes gluantes, ou bien ils avaient à sauter des trous. Bouvard s'assit près du rivage, et contempla les vagues, ne pensant à rien, fasciné, inerte. Pécuchet le ramena vers la côte pour lui faire voir une ammonite[1], incrustée dans la roche, comme un diamant dans sa gangue. Leurs ongles s'y brisèrent, il aurait fallu des instruments, la nuit venait d'ailleurs. Le ciel était empourpré à l'occident, et toute la place couverte d'une ombre. Au milieu des varechs presque noirs, les flaques d'eau s'élargissaient. La mer montait vers eux ; il était temps de rentrer.

Le lendemain, dès l'aube, avec une pioche et un pic, ils attaquèrent leur fossile dont l'enveloppe éclata. C'était un *Ammonites nodosus*[2], rongé par les bouts mais pesant bien seize livres, et Pécuchet, dans l'enthousiasme, s'écria : « Nous ne pouvons faire moins que de l'offrir à Dumouchel ! »

Puis ils rencontrèrent des éponges, des térébratules[3], des orques[4], et pas de crocodile ! À son défaut, ils espéraient une vertèbre d'hippopotame ou d'ichtyosaure[5], n'importe quel ossement contemporain du Déluge, quand ils distinguèrent, à hauteur d'homme contre la falaise, des contours qui figuraient le galbe d'un poisson gigantesque.

Ils délibérèrent sur les moyens de l'obtenir.

Bouvard le dégagerait par le haut, tandis que Pécuchet, en dessous, démolirait la roche pour le faire descendre, doucement, sans l'abîmer.

Comme ils reprenaient haleine, ils virent au-dessus de leur tête, dans la campagne, un douanier qui gesticulait d'un air de commandement.

Gustave Flaubert (1821-1880), *Bouvard et Pécuchet*, 1881.

1. coquillage fossile. – **2.** désignation latine du fossile. – **3.** animal marin à la coquille ovale et lisse. – **4.** mammifère marin. – **5.** poisson de l'ère secondaire.

Compréhension du texte

Vocabulaire

1 la « géologie »

a. Décomposez ce mot, puis donnez-en la définition.

b. Trouvez quatre mots commençant par « géo », quatre mots se terminant par « logie » et donnez-en la définition.

2 Employez chacun des mots suivants du texte dans des phrases qui mettront leur sens en valeur.

a. tituber (l. 1) b. fasciné (l. 5) c. l'enthousiasme (l. 18)

3 Expliquez l'expression suivante.

« Ils délibérèrent sur les moyens de l'obtenir. » (l. 25)

4 À quels champs sémantiques appartiennent chacune des séries de mots ou expression suivantes ?

a. le rivage, la mer, les vagues, le varech

b. une ammonite, « le galbe d'un poisson gigantesque »

Sens général du texte

5 Quel commentaire pouvez-vous faire sur deux détails du texte ?

a. « la nuit venait d'ailleurs » (l. 11)

b. « le lendemain, dès l'aube » (l. 16)

6 Quelle est l'ambiance générale du texte ?

Qualifiez-la après avoir relevé des expressions significatives de l'extrait, comme par exemple : « Ils titubaient » (l. 1) ou « Au milieu des varechs presque noirs » (l. 14).

7 Sur quel incident le texte se clôt-il ? Quel effet produit-il ?

Les thèmes et les idées du texte

8 Résumez le texte de Flaubert en quelques lignes.

9 Quel est le thème principal de l'extrait ?

10 Éprouvez-vous personnellement une passion pour la géologie ?

Répondez en une dizaine de lignes, en justifiant votre réponse.

Le sujet du brevet

Sujet

Pensez-vous qu'il soit important de se consacrer à une passion, comme le font les deux héros de Flaubert ? Quelle place, et éventuellement quelles limites, lui assigneriez-vous personnellement ? Vous vous efforcerez de répondre en puisant, à votre gré, dans votre expérience et dans votre culture personnelle.

Travail préparatoire

Analyse du sujet

1 **Quel type de rapport ce sujet entretient-il avec le texte ?**

2 **Qu'est-ce que la passion en général ? Dans le sens particulier du sujet et dans le contexte de l'extrait de Flaubert ?**

3 **Quelle notion sous-jacente est contenue dans le mot « limites » ?**

Conseils et écueils

• Comprenez bien d'abord ce qu'est une passion, de manière à ne pas faire d'erreur sur l'expression pivot de votre devoir : « se consacrer à une passion ». Le mot « passion » doit être compris ici dans le sens qu'il a dans des expressions comme : une passion pour l'athlétisme, les voyages, l'art culinaire.

• Le passionné, c'est « celui qui adore » quelque chose, le fanatique.

• Néanmoins, vous ne devez pas oublier l'étymologie du mot et ses autres sens. À ce titre, le premier sens du mot : souffrance, supplice, vous éclaire pour traiter au mieux votre sujet.

En effet, si on vous parle des limites à assigner à la passion, c'est bien qu'il importe de la canaliser pour qu'elle ne devienne pas dévastatrice, voire destructrice. C'est dans cet esprit que l'on peut parler de « passion fatale », de « mauvaise passion ».

Recherche des idées et élaboration du plan

4 **Citez cinq exemples de passions appartenant à des domaines différents.**

5 **Si vous adoptez le plan de la page 63, dans quelle partie de votre devoir allez-vous aborder chacun des points suivants ?**

a. Les risques de la passion, ses excès.

b. Les avantages et les bienfaits de la passion.

c. Les passions néfastes et dévastatrices.

Voici une suggestion de plan.

1. Qu'est-ce que la passion ?
- Désir violent, élan vers ce que l'on aime.
- Activités que l'on aime beaucoup pratiquer.
- Loisir, « hobby » librement choisi, en dehors des contraintes, des obligations.

Quelles sont vos passions ? celles de vos amis ? celles de vos parents ?
Insérez vos réponses dans cette partie.

2. Place de la passion dans notre vie
- Certaines personnes vivent sans passion.
- Mais la passion rend la vie plus heureuse, plus pétillante. Elle apporte :

– l'oubli des problèmes, des fatigues du quotidien ;
– une distraction qui permet d'échapper à l'ennui ;
– une ouverture sur le monde et sur les autres ;
– un enrichissement culturel.

3. Les limites de la passion
Il faut maîtriser ses passions et ne pas les laisser prendre une place démesurée qui serait vite dévastatrice, par exemple :
– améliorer ses performances sportives, mais sans mettre sa santé en péril ;
– canaliser sa passion pour les jeux de rôles, qui peut, mal contrôlée, être nocive ;
– garder le sens de l'équilibre : le collectionneur ne doit pas se ruiner ;
– ne pas se couper du monde pour assouvir une passion.

Rédaction du devoir

Gros plan sur les transitions

6 **Dans quelle partie de votre devoir placerez-vous la phrase suivante ?**

Reste que si la passion peut occuper avec bonheur une place de choix dans notre existence, il importe de lui assigner des limites.

Point culture

- Parmi les passions que vous pouvez évoquer dans ce sujet, celle de la collection est intéressante dans la mesure où, si vous n'êtes pas personnellement collectionneur, vous connaissez certainement dans votre proche entourage un ou plusieurs collectionneurs.
- La collection est une réunion d'objets ayant un intérêt esthétique, scientifique, historique, géographique, une valeur provenant de leur rareté, ou rassemblés par goût de l'accumulation.
- Si vous ne connaissez pas le sens des termes suivants, recherchez-les dans votre dictionnaire : *numismate*, *philatéliste*, *bibliophile*. Et complétez la liste.

13 L'ennui

Bien lire le texte

La chambre qu'on avait louée fut encore plus petite et plus malcommode qu'on ne l'avait redouté. Dehors il pleuvait. Marylène déballa ses deux grosses valises en maugréant. Elle en sortit ses petites robes diaphanes et autres buées vestimentaires, les déplia devant Pomme et puis les jeta sur le lit dans un geste de répudiation malheureuse : « Je ne pourrai jamais mettre ça !... ça non plus... Tiens ! et ça, tu me vois avec ça, ici ? » Pomme fit remarquer que les gens, dehors, avaient des parapluies.

Enfin le temps s'éclaircit. « Ça n'aura été qu'une averse », dit Pomme par amitié pour Marylène.

Elle avait envie d'aller voir tout de suite la mer. Marylène ne fut pas mécontente non plus d'échapper à la petite chambre où on entendait dégorger la gouttière, juste au-dessus de la fenêtre. On arriva à la digue.

Pas de mer ! C'était la marée basse. Il n'y avait que du sable à perte de vue, et puis une étroite bande luisante, très, très loin. De rares vivants erraient au bord de cette catastrophe, en bottes de caoutchouc et en imperméable. Il y avait des parasols, aussi, mais tous repliés. Quelques-uns s'étaient renversés. Le vent rassemblait les nuages vers l'est, et le soleil faisait un affinement translucide de l'autre côté, dans les marbrures grises du ciel. Pomme avait froid. Marylène était d'humeur ironique et parlait des pull-overs qu'elle avait laissés à Paris. On décida de continuer la promenade « en ville ».

On parcourut deux ou trois fois l'avenue de la Mer, où il y avait des vitrines. On acheta des cartes postales représentant les « jardins du Casino » ou le « port de plaisance » par beau temps. Enfin on alla boire un chocolat chaud au « thé dansant » du Casino. [...]

Personne ne dansait car il ne se trouvait au bord de la piste que deux autres couples de femmes, grelottant d'ennui devant leurs boissons chaudes, exactement comme Marylène et Pomme.

Pascal Lainé (né en 1942), *La Dentellière*, Gallimard, 1974.

Compréhension du texte

Vocabulaire

1 Employez chacun des mots suivants dans des phrases qui mettront leur sens en valeur.

a. maugréer
b. translucide
c. grelotter

2 Définissez ce que sont :

a. « ses petites robes diaphanes » (l. 3)
b. des « buées vestimentaires » (l. 3)

3 Expliquez l'expression suivante.

« De rares vivants erraient au bord de cette catastrophe » (l. 18-19)

4 Quel est le contraire d'une « humeur ironique » (l. 23) ?

Sens général du texte

5 Répondez brièvement aux questions suivantes. Notez les éléments de réponses empruntés au texte. Reprenez tous ces éléments et assemblez-les de manière élégante pour obtenir une réponse parfaitement rédigée.

a. Qui sont les héroïnes du texte ? ....
b. Quel lien les unit ? ....
c. Où sont-elles ? ....
d. Que viennent-elles faire dans ce lieu ? ....
e. À quelles occupations successives se livrent-elles ?
f. Quel temps fait-il ? ....
g. Quelle est l'importance de ce détail ? ....
h. Dans quel état d'esprit sont les deux jeunes filles ?

6 Décrivez le décor en cinq lignes (inspirez-vous du texte).

Sélectionnez les informations les plus pertinentes et qualifiez ce décor.

7 Aimeriez-vous être à la place des jeunes filles ? Justifiez votre réponse.

Les thèmes et les idées du texte

8 Relisez l'extrait et indiquez les principaux thèmes du texte.

9 Nommez un thème secondaire du texte.

10 Notez six mots qui vous viennent à l'esprit quand vous pensez aux vacances et intégrez-les dans un court paragraphe rédigé.

Le sujet du brevet

Sujet

Quels arguments opposeriez-vous à un ami qui prétendrait qu'on s'ennuie en vacances ?

Travail préparatoire

Analyse du sujet

1 Qu'est-ce que l'ennui : dans le sens du texte ; dans son prolongement ?

2 Quel est le sens particulier du mot « vacances » ici ?

3 Quel est le sens du mot « vacance » quand il est employé au singulier ?

4 Quelle est la particularité des vacances ? À quel autre moment s'opposent-elles ? Quels mots et quelles expressions vous viennent à l'esprit quand vous songez aux vacances ?

5 Qu'appelle-t-on un « argument » ? À quoi sert-il ? Comment se présente-t-il le plus souvent ?

Conseils et écueils

• Ce devoir qui paraît simple et attractif comporte un piège : prenez le temps de lire attentivement le sujet et ne vous lancez pas à corps perdu dans le récit de vos vacances passées ou dans l'évocation de vos prochaines vacances.

• Le sujet précise qu'il faut fournir des arguments à un ami : il importe donc de convaincre, de démontrer, de prouver qu'on ne saurait s'ennuyer en vacances, en dépassant le point de vue de ses propres vacances, réussies ou non.

• Il convient de se détacher du texte de Pascal Lainé : l'extrait que vous venez d'étudier n'est qu'une référence et vous ne devez pas faire intervenir les deux jeunes filles dans votre texte ni raconter des vacances décevantes sous le climat froid et pluvieux de la Normandie.

Recherche des idées et élaboration du plan

• On ne vous demande pas de peser le pour et le contre, d'analyser les avantages et les inconvénients, comme vous avez souvent à le faire, mais d'argumenter en faveur d'une opinion précise. Vous devez démontrer :

a. que l'on ne s'ennuie pas en vacances ;

b. que s'il existe des causes particulières d'ennui en vacances, on peut et on doit aisément y remédier.

• De manière à être certain(e) de fournir des arguments à un ami qui sera un interlocuteur réel, vous pouvez opter pour deux formules différentes, par exemple :
– la rédaction d'une lettre dans laquelle vous répondez à un ami qui vous dit s'ennuyer en vacances ; vous lui répondez sous forme de points qui sont autant d'arguments ;
– la conversation, le dialogue : vous défendez votre thèse face à un interlocuteur que vous parvenez progressivement à convaincre.

On ne s'ennuie pas en vacances : activités possibles

a. Le repos physique, moral, mental.

b. Les distractions simples : sports, promenades, visites à des amis, lecture, musique.

c. Les distractions plus intellectuelles : devoirs de vacances, apprentissage des langues étrangères, réflexion.

d. Les distractions qui cumulent les deux éléments précités : découverte de régions ou de pays.

Rédaction du devoir

6 **Quelle remarque faites-vous sur ces phrases relevées dans des copies d'élèves traitant ce sujet et qui sont suivies d'un développement ? (Nous ne le citons pas ici.)**

– Reste qu'avec la crise économique, de nombreuses familles ont dû réduire la durée de leurs vacances.

– De plus en plus de vacanciers se contentent d'aller passer quelques jours chez des amis, ou dans leur famille.

Point culture

• Mots et expressions dans le sillage du mot « vacances » : vacances scolaires, grandes vacances, devoirs de vacances, centre de vacances et de loisirs, colonie de vacances, un lieu de vacances, un vacancier, une vacancière.

• Depuis 1936, les vacances sont payées aux salariés : c'est un temps de repos qui leur est accordé légalement, n'excédant pas quelques jours dans les premiers temps. Pour la majorité des Français, cette période de vacances correspond actuellement aux grandes vacances scolaires.

• « Mes vacances ? C'est d'aller travailler ailleurs. » (Colette)

• « La vacance des valeurs fait la valeur des vacances. » (Edgard Morin)

14 Les animaux

Bien lire le texte

Au XIXe siècle, on employait, dans les mines du nord de la France, des chevaux pour tirer les wagonnets de charbon. Le texte décrit la descente au fond du puits d'un jeune cheval, chargé d'aider dans sa tâche le vieux Bataille « qui avait dix ans de fond ».

La descente dura près de trois minutes, on ralentissait la machine, par précaution. Aussi, en bas, l'émotion grandissait-elle. Quoi donc ? Est-ce qu'on allait le laisser en route, pendu dans le noir ? Enfin, il parut, avec son immobilité de pierre, son œil fixe, dilaté de terreur. C'était un cheval bai[1], de trois ans à peine, nommé Trompette.

« Attention ! criait le père Mouque, chargé de le recevoir. Amenez-le, ne le détachez pas encore. »

Bientôt, Trompette fut couché sur les dalles de fonte, comme une masse. Il ne bougeait toujours pas, il semblait dans le cauchemar de ce trou obscur, infini, de cette salle profonde, retentissante de vacarme. On commençait à le délier, lorsque Bataille, dételé depuis un instant, s'approcha, allongea le cou pour flairer ce compagnon, qui tombait ainsi de la terre. Les ouvriers élargirent le cercle en plaisantant. Eh bien, quelle bonne odeur lui trouvait-il ? Mais Bataille s'animait, sourd aux moqueries. Il lui trouvait sans doute la bonne odeur du grand air, l'odeur oubliée du soleil dans les herbes. Et il éclata, tout à coup, d'un hennissement sonore, d'une musique d'allégresse, où il semblait y avoir l'attendrissement d'un sanglot. C'était la bienvenue, la joie de ces choses anciennes dont une bouffée lui arrivait, la mélancolie de ce prisonnier de plus qui ne remonterait que mort.

Émile Zola (1840-1902), *Germinal*, 1885.

1. brun rouge en parlant de la robe d'un cheval.

Compréhension du texte

Vocabulaire

1 Rédigez la définition des mots suivants à la manière du dictionnaire.

a. la tâche b. une masse c. la mélancolie

2 Expliquez chacune de ces expressions, en vous aidant du contexte.

a. « qui avait dix ans de fond » (l. 7, texte en italique)

b. « dilaté de terreur » (l. 7)

3 À quels champs sémantiques appartiennent chacun des mots suivants ?

a. la terreur b. le vacarme c. l'allégresse

4 Citez au moins deux points communs entre les trois noms suivants.

l'allégresse – l'attendrissement – la mélancolie

Sens général du texte

5 En un paragraphe soigneusement rédigé, répondez à la série d'interrogations suivantes : qui fait quoi ? où ? quand ? comment ?

Répondez à toutes les questions, dans l'ordre que vous souhaitez.

6 À quelle tâche Trompette va-t-il être employé ? Pourquoi ?

7 Quelle est l'attitude des mineurs à l'égard de Bataille ? Décrivez-la et qualifiez-la.

8 Le texte crédite les animaux de sentiments.

a. Quels sentiments éprouve Bataille ?

b. Quels sentiments éprouve Trompette ?

Les thèmes et les idées du texte

9 De quel type d'animal est-il question dans cet extrait ? À quelle autre catégorie d'animaux s'oppose-t-il ?

10 Quel est le destin des deux chevaux dans le texte ?

a. Décrivez-le. Qu'en pensez-vous ?

b. Certains animaux connaissent-ils des sorts analogues dans nos sociétés modernes ? Lesquels ? Pour quelles raisons ?

11 Citez au moins trois thèmes que traite le texte.

Le sujet du brevet

Sujet

**Bien que les animaux ne soient plus guère utilisés pour travailler, on constate qu'ils tiennent encore dans nos sociétés des rôles très importants.
À partir d'exemples précis, vous montrerez quelles sont aujourd'hui nos diverses attitudes face à l'animal. Quelles réflexions vous suggèrent-elles ?**

Travail préparatoire

Analyse du sujet

1 **Quel est le sens de l'adjectif « diverses » ?**

2 **Quelles peuvent être les diverses attitudes des humains face aux animaux ? Nommez-les et caractérisez-les.**

3 **Quels sont les points que le sujet vous demande de traiter ?**

Conseils et écueils

- Exposer ces diverses attitudes n'est pas suffisant ; il faut également les analyser et proposer une réflexion.
- Il importe de ne pas se laisser aller à parler de son animal favori en oubliant la problématique générale.
- Il faut être exhaustif et saisir un maximum de facettes du sujet.

Recherche des idées et élaboration du plan

- Pour l'introduction, vous pouvez reprendre les idées fournies par le sujet :

a. importance des animaux dans les sociétés rurales : le cheval de trait, les bœufs, l'âne ;

b. importance des animaux de nos jours, même dans les sociétés urbanisées, avec changement de perspective : dans la majorité des cas, les animaux ne « servent » plus directement les hommes pour exécuter des travaux précis. Ils sont cependant très présents.

En fin d'introduction, vous poserez la question : quelles sont aujourd'hui les différentes attitudes des hommes face à l'animal ?

• Dans votre développement, vous opposerez attitudes positives et attitudes négatives.

1. Les attitudes positives face aux animaux

a. Échanges de bons procédés entre l'homme et l'animal : l'animal aide l'homme qui le nourrit et le soigne. Par exemple, les animaux participent à certaines entreprises humaines : chiens de garde, chiens policiers, chiens d'aveugles.

b. Attitude de confiance et de « respect » mutuel. Les animaux de compagnie apportent une présence, une vie plus agréable aux personnes seules. Ils réconfortent les malades et les personnes âgées, procurent un équilibre affectif aux enfants.

Les animaux sont dans ces cas-là utiles et aimés, l'attitude des hommes est « normale », positive.

2. Les attitudes négatives

a. Certaines attitudes de l'homme sont négatives pour l'animal :
– violences physiques exercées sur les animaux qui ne peuvent se défendre : chiens battus, animaux de boucherie parfois transportés dans de mauvaises conditions, bébés phoques massacrés ;
– abandons des animaux familiers lors des départs en vacances : l'animal est traité comme un objet ;
– exploitation commerciale mal contrôlée : certains cirques ou zoos maltraitent les animaux.

b. Certaines attitudes de l'homme sont négatives pour le maître lui-même :
– préférer un animal de compagnie à ses semblables conduit à l'isolement et à la régression ;
– perdre le sens de la mesure et devenir ridicule en considérant l'animal à l'égal d'un être humain : les cimetières pour chiens et chats, les psychiatres pour animaux familiers ;
– consacrer un budget démesuré pour un animal (aliments, soins, habitat) : attitude scandaleuse face à la pauvreté.

Rédaction du devoir

Gros plan sur la conclusion

Voici les points que vous pouvez traiter. Rédigez soigneusement chaque paragraphe.

a. Rôle toujours très important des animaux dans nos sociétés, rôle thérapeutique de plus en plus grand des animaux, notamment dans les structures hospitalières.

b. Nécessité du respect à l'égard des animaux et d'une certaine mesure dans le comportement de l'homme.

c. Urgence de la protection d'espèces en voie de disparition, nécessité de réglementations concernant la chasse, le transport des animaux de boucherie, etc.

15 Le voyage

Bien lire le texte

La narratrice, George Sand, fit un voyage à Majorque[1] en compagnie de ses deux enfants (Maurice, 15 ans ; Solange, 10 ans) et du musicien compositeur Frédéric Chopin. C'était l'hiver, en 1838.

Tous, quand nous avons un peu de loisir et d'argent, nous voyageons, ou plutôt nous fuyons, car il ne s'agit pas tant de voyager que de partir. [...] Comme le temps manque pour toutes choses dans ce monde, je m'imaginai encore une fois que je trouverais quelque retraite silencieuse, isolée, où je n'aurais ni billets à écrire, ni journaux à parcourir, ni visites à recevoir, où je pourrais ne jamais quitter ma robe de chambre, où les jours auraient douze heures.

Quel est celui de nous qui n'a fait ce rêve égoïste de planter là un beau matin ses affaires, ses habitudes, ses connaissances et jusqu'à ses amis pour aller dans quelque île enchantée vivre sans soucis, sans tracasseries, sans obligations ? [...]

Nous arrivâmes à Palma[2] au mois de novembre, par une chaleur comparable à celle de notre mois de juin.

Les premiers jours que nous passâmes dans cette retraite furent assez bien remplis par la promenade et la douce flânerie à laquelle nous conviaient un climat délicieux et une nature charmante tout à fait neuve pour nous.

Je n'ai jamais été bien loin de mon pays, quoique j'aie passé une grande partie de ma vie sur les chemins. C'était donc la première fois que je voyais une végétation et des aspects de terrain essentiellement différents de ceux que présentent nos latitudes tempérées. [...] À Majorque il n'y avait pour moi aucune comparaison à faire avec des sites connus. Les hommes, les maisons, les plantes, et jusqu'aux moindres cailloux du chemin avaient un caractère à part. Mes enfants en étaient si frappés qu'ils faisaient collection de tout et prétendaient remplir nos malles de ces beaux pavés de quartz et de marbres veinés de toutes couleurs dont les talus bordent tous les enclos.

George Sand (1804-1876), *Un hiver à Majorque*, 1844.

1. la plus grande des îles Baléares, en Méditerranée occidentale. – **2.** capitale de l'île de Majorque.

Compréhension du texte

Vocabulaire

1 Dressez le champ sémantique des mots suivants.

a. argent b. retraite c. caractère

2 une fuite ; une fugue

Employez chacun de ces mots dans un court paragraphe qui mettra son sens en valeur.

3 Donnez le sens de chacune des expressions suivantes dans le texte.

a. « quelque retraite [...] où les jours auraient douze heures » (l. 4-6)

b. « une nature charmante tout à fait neuve pour nous » (l. 14)

c. « Mes enfants en étaient si frappés » (l. 20)

4 En cinq lignes environ, décrivez ce que serait pour vous.

a. une « retraite silencieuse, isolée » (l. 4)

b. une « île enchantée » (l. 9)

c. une « douce flânerie » (l. 13)

Sens général du texte

5 Faites la liste de tout ce que la narratrice souhaite abandonner de négatif, de contraignant.

6 Relevez les expressions qui précisent :

a. les aspirations de la narratrice

b. ce qu'elle découvre et vit en réalité

7 Comment les enfants de la narratrice réagissent-ils dans l'île enchantée ?

Les thèmes et les idées du texte

8 Quel est le double sens du mot « voyage » dans le texte ?

9 Trouvez un maximum de termes génériques qui s'appliquent à tout ce que la narratrice abandonne en quittant la France.

Exemple : *« ni visites à recevoir » → les obligations de la vie sociale, les mondanités*

10 Trouvez un maximum de termes génériques qui s'appliquent à ce que la narratrice découvre à Majorque.

11 Quel est le thème principal de l'extrait ?

Le sujet du brevet

Sujet

« Tous, quand nous avons un peu de loisir et d'argent, nous voyageons, ou plutôt nous fuyons, car il ne s'agit pas tant de voyager que de partir... »
Pour vous, le voyage est-il toujours une fuite ? Qu'attendez-vous du voyage ?

Travail préparatoire

Analyse du sujet

1 Quel est le point de départ du sujet ?

2 Notez les mots clés du sujet et expliquez-les.

3 Dans quel sens particulier faut-il comprendre le mot « voyage » dans ce sujet ?

4 Quelles sont, pour George Sand, les deux conditions nécessaires pour voyager ?

5 Ces conditions sont-elles toujours nécessaires de nos jours ? Pour quelles raisons ?

Conseils et écueils

• Il importe de ne pas se laisser aller à raconter ses vacances en oubliant la problématique.

• Le sujet étant attractif, il ne faut pas écrire au fil de la plume mais, comme pour les autres devoirs, construire un plan.

Recherche des idées et élaboration du plan

Voici une suggestion de plan qui comprend les grandes parties du devoir ainsi que les sous-parties.

1. Qu'est-ce que le voyage ?

a. Le fait de se rendre d'un endroit à un autre, de se déplacer : le trajet.

b. Le fait de résider, de séjourner, de vivre dans un endroit qui n'est pas celui dans lequel on demeure habituellement.

2. Le voyage est une fuite.

a. C'est une rupture géographique.

b. On quitte son travail, ses occupations habituelles.

c. On oublie le quotidien et son lot de tracas et de problèmes domestiques.

3. Le voyage est bien davantage qu'une fuite.

a. C'est une découverte, une ouverture à des pays, des populations, des coutumes, des modes de vie, des cultures et des langues différents.

b. C'est un enrichissement culturel, linguistique, humain.

c. C'est un moyen de se mesurer à soi-même, de sortir de sa coquille, de son confort quotidien pour aller à la rencontre du monde.

Rédaction du devoir

Gros plan sur l'introduction

6 **Voici des idées pour élaborer l'introduction. Quel plan a été adopté ? Vous paraît-il logique ? Pour quelles raisons ?**

a. Le voyage, « les vacances » étaient autrefois l'apanage d'une infime minorité de privilégiés :
– Montaigne voyage pour aller « prendre les eaux » dans les villes de cure, car il souffre de la maladie de la pierre ; il voyage aussi pour son plaisir et pour s'ouvrir au monde ;
– Mme de Sévigné voyage pour se rendre sur ses terres de Bretagne et pour aller en Provence, à Grignan, où demeure sa fille ;
– Lamartine, quittant sa Bourgogne natale, va à Aix-les-Bains pour se reposer sur les bords du lac ; il va aussi découvrir l'Italie.
Mais il est clair que, si les écrivains romantiques en général voyagent beaucoup, la majorité de leurs contemporains ne dépassent pas le chef-lieu de canton de leur province.

b. Depuis 1936 et les congés payés, compte tenu des facilités de transport et du développement des structures hôtelières, voyager est devenu possible pour un plus grand nombre d'individus, en Europe occidentale. Le voyage est un véritable marché et un enjeu économique.

c. Pourquoi voyage-t-on ? Certains prétendent que le voyage est une fuite. N'est-il que cela ? Est-il toujours une fuite ? Qu'en attend-on ?

Gros plan sur la conclusion

7 **Voici des idées pour la conclusion : placez-les dans un ordre logique, puis rédigez l'ensemble.**

a. Compte tenu des multiples et immenses bienfaits du voyage, la possibilité de voyager doit être accordée au plus grand nombre des individus, ce doit être l'un des objectifs des sociétés avancées.

b. Le voyage peut être une fuite, et une fuite au sens le plus positif : on oublie soucis, fatigues et tracas pour se ressourcer et revenir ensuite chez soi affronter les problèmes du quotidien avec tonus et énergie.

c. Encore faut-il que les touristes ne « voyagent pas idiots », pour employer une expression familière, mais tirent de réels profits de leurs voyages.

Révision 3

Vocabulaire

Répondez à chacune de ces questions portant sur des mots ou des expressions que vous avez étudiés au cours des cinq séquences précédentes.

1 **Qu'est-ce que la géologie ? Donnez la définition du mot en le décomposant.**

2 **Quel est le sens de l'adjectif « diaphane » ? Votre définition doit être aussi précise et aussi élégamment libellée que la définition d'un dictionnaire.**

3 **Donnez deux sens différents du mot « retraite ». Dressez le champ sémantique du mot et choisissez deux définitions que vous maîtrisez particulièrement bien.**

4 **Qu'est-ce qu'un apothicaire ? Donnez la définition du mot et n'oubliez pas d'apporter une précision de nature historique.**

5 **Quel est le sens de l'expression « je n'y manque pas » ? À l'oral, dans quelles circonstances précises est-elle souvent employée ? À quel niveau de langue appartient-elle le plus souvent ?**

/5

Style

Voici cinq erreurs de style, assez grossières, extraites de copies d'élèves.
a. Identifiez chacune de ces erreurs.
b. Précisez ce qui constitue la faute (il n'y a qu'une seule erreur par exercice).
c. Proposez une correction.
Reportez-vous à l'exemple de la page 28.

6 **Nous sommes allés nous promener au bord de la mer puis on est entré dans un café boire un chocolat chaud.**

7 **Cet été, on faisait du vélo, on faisait l'escalade des cols, et le soir on faisait les courses en ville.**

8 **Les vacances, dans la vie d'un enfant, c'est vital.**

9 **Pour nombre d'adultes qui ont une vie professionnelle harassante, les vacances sont une fugue.**

10 **La solitude que vécut Robinson Crusoé était pénible. Mais il prenait la résolution de l'affronter et commença à organiser sa nouvelle existence.**

/5

Point culture

Répondez à chacune des questions de culture générale portant sur les textes et les exercices que vous avez étudiés dans les cinq séquences précédentes.

11 **L'extrait de Pascal Lainé, « L'ennui », est tiré d'un roman. Quel est son titre ?**

a. *Vacances à la mer*

b. *La Parisienne*

c. *La Dentellière*

12 **George Sand séjourne à Majorque en compagnie de ses enfants et d'un musicien célèbre, Berlioz. Vrai ou faux ?**

13 **Qui est l'auteur du roman *Bouvard et Pécuchet* ?**

14 **Au cours des siècles passés, les animaux servaient l'homme. Quels « services » lui rendent-ils de nos jours ? Citez-en au moins trois.**

15 **Faites la liste des cinq thèmes sur lesquels vous avez travaillé au cours de ces cinq séquences d'entraînement au sujet de réflexion.**

16 **Vous avez étudié dans les premières séquences un texte du même auteur que *Bouvard et Pécuchet*. L'action se déroule en Normandie. Quel est le titre de ce conte ?**

17 **Quel patronyme inscrivez-vous après ces titres d'œuvres ?**

a. *Les Orientales*

b. *Les Rayons et les Ombres*

c. *L'Homme qui rit*

d. *Les Misérables*

18 **Dans quel univers bien particulier le roman d'émile Zola, *Germinal*, se déroule-t-il ?**

19 **Quel est le nom de la plus grande île des Baléares ?**

20 **Soit la liste des auteurs dont vous avez étudié un texte au cours des cinq séquences :**

a. Hugo   b. Flaubert   c. Lainé   d. Zola   e. Sand

Un intrus s'est glissé dans cette liste. Mais il ne s'agit pas de George Sand. Quel est l'intrus ? Pour quelle raison ? Quel titre pouvez-vous donner à cette liste de quatre noms, une fois l'intrus éliminé ?

…/10

Comparez vos réponses avec celles des corrigés pp. 119-120, puis calculez votre score sur 20.

TOTAL …/20

16 Le risque

Bien lire le texte

Jamais nos jeux n'avaient été plus emballés, plus heureux. Pour ma part, j'en étais transporté, il me semblait avoir des ailes. [...] Une partie de cache-cache m'avait conduit dans le grenier de la remise dont le pignon donnait sur le jardin. Le but était juste au-dessous de la lucarne qui l'éclairait. Je m'étais caché de telle sorte dans le dédale des caisses et des sacs que j'avais déjoué toutes les quêtes. J'apparus, triomphant, à la lucarne. Et l'un de mes compagnons, l'imbécile de service comme il s'en trouve toujours un dans les rassemblements humains, se croyant ainsi défié, me contre-défia aussitôt : « Je parie que tu ne sautes pas ! » Il y avait, de la lucarne au sol, cinq bons mètres. De grands aveliniers avaient poussé contre le mur. Je dis seulement : « Compte jusqu'à trois ! » Il compta. Et je sautai.

Je me rappelle très bien le parcours, l'étonnement et le plaisir intense, mais bref, qui furent les miens en traversant la belle lumière verte du feuillage, mon arrivée un peu déviée par une grosse branche élastique, non sur la terre meuble du massif mais sur le gravier de l'allée. J'entendis non moins bien le craquement sec de la fracture, m'assis par terre et dis : « Je me suis cassé la jambe. » Je ne souffrais pas encore. J'entrepris de me déchausser, y parvins, et reçus dès son arrivée les félicitations du médecin qu'on avait envoyé chercher. « Qui t'a retiré ton soulier ? » – « C'est moi. Parce que ma jambe est cassée. » Il me palpa, confirma mon diagnostic, me félicita de nouveau. Il y avait presque de quoi. Je ne commençai à geindre que la nuit venue, après des soins d'ailleurs douloureux.

Maurice Genevoix (1890-1980), *Trente mille jours*, Le Seuil, 1980.

Compréhension du texte

Vocabulaire

1 Donnez un synonyme ou une expression synonyme pour chacun des mots ou des expressions suivants.

a. « emballés » (l. 1) : ....

b. « pour ma part » (l. 1) : ....

c. « j'en étais transporté » (l. 1-2) : ....

d. « la lucarne » (l. 4) : ....

2 « de grands aveliniers » (l. 14)

Formulez des hypothèses sur le sens du mot « aveline » en vous aidant du contexte.

3 « se croyant ainsi défié » (l. 10)

a. Qu'est-ce qu'un défi ?

b. Que signifient les verbes « défier » et « contre-défier » (l. 10-11) ?

4 Relevez tous les termes et toutes les expressions appartenant aux champs lexicaux :

a. de la joie

b. de la douleur

Sens général du texte

5 Quelles sont les deux grandes parties de l'extrait ? Donnez-leur un titre qui les résume.

6 Quelles motivations incitent le narrateur à accomplir son geste ? Est-il conscient des motivations qui l'animent ?

Relevez des expressions du texte qui justifient votre réponse.

7 Le narrateur éprouve une succession de sensations et de sentiments divers. Lesquels ? Nommez-les tous avec un maximum de précisions.

Les thèmes et les idées du texte

8 Quel type de risque le narrateur prend-il ?

9 Les motivations qui conduisent le narrateur à prendre le risque qu'il court sont-elles compréhensibles ? Comment jugez-vous son acte ?

10 Quel prix le narrateur paye-t-il pour le risque qu'il a couru ? Le jeu en valait-il vraiment la chandelle ?

En une dizaine de lignes, exprimez ce que vous auriez fait à la place du narrateur.

Le sujet du brevet

Sujet

Le héros du récit n'a pas reculé devant un risque certain. Faut-il encourager cette attitude ? Est-elle compatible avec la prudence généralement conseillée ?

Travail préparatoire

Analyse du sujet

1 **Qu'est-ce que le risque ?**

2 **Y a-t-il plusieurs sortes de risques ? Si oui, quels sont les différents types de risques ?**

3 **Pourquoi la prudence est-elle généralement conseillée ?**

Conseils et écueils

- Ne pas se cantonner au texte de base, mais élargir la perspective.
- Nourrir la copie d'exemples précis et concrets.

Recherche des idées et élaboration du plan

1. Oui, il faut encourager certains types de risques.

a. Les risques calculés, mesurés, qui ne mettent pas la vie – la sienne propre et celle des autres – en danger. On peut par exemple prendre le risque de passer certains examens en sachant parfaitement que l'on peut y échouer.

b. Il faut savoir affronter des difficultés, être entreprenant, évoluer, mais éviter d'être timoré, craintif, pour ne pas régresser. Il est nécessaire de se mesurer à l'adversité, de se confronter à ce qui est difficile. L'attitude de fuite perpétuelle est dangereuse.

c. On doit prendre des risques. Quand on prend une décision, par exemple, on choisit toujours entre deux possibilités au moins et l'on peut bien entendu se tromper, faire le mauvais choix. Mais toute vie s'organise autour de choix, donc de risques.

2. Non, il ne faut pas encourager certains types de risques.

Certains risques – qui mettent en jeu la vie de celui qui les prend et la vie d'autres personnes – ne doivent jamais être pris.

Voici quelques exemples, mais beaucoup d'autres existent :
– conduire en état d'ébriété, d'ivresse ;
– conduire tout type de véhicule sans respecter les règles du code de la route et notamment les vitesses autorisées et les panneaux de signalisation, comme les stop ;
– skier hors des pistes balisées, au risque de déclencher des avalanches ;
– faire du bateau quand la mer est mauvaise et que les conditions météorologiques ne sont pas satisfaisantes ;
– se lancer dans des expéditions que l'on a mal ou insuffisamment préparées, en montagne ou en mer, ou encore dans des pays lointains.

Ces types de risques que génèrent l'inconscience, l'insouciance, la bêtise, la désinvolture traduisent un manque de civisme et de respect de la vie, notamment de la vie d'autrui.

Rédaction du devoir

Gros plan sur la conclusion

4 Voici quatre points qui peuvent être placés dans la conclusion. Il y en a un de trop. Quel est le point qu'il faut éliminer ou regrouper avec un autre point ?

a. Pas de vie sans risques. Il faut donc savoir prendre certains risques seulement, les « bons » risques.

b. Une meilleure information des citoyens, puis une meilleure application de la loi devrait permettre, par exemple, une baisse des accidents de la circulation dans les villes et les agglomérations.

c. La plupart des risques liés au mode de vie actuel, et notamment dans le domaine des loisirs de type sportif, ne doivent pas être pris. Les dangers mortels sont réels et, chaque année, on compte de plus en plus de victimes sur les pistes de ski et au bord de la mer, par exemple.

d. Face aux inconscients, face aux imprudents notoires qui ne calculent par leurs risques et entraînent la mort des autres, de nouvelles lois et réglementations doivent être mises en place rapidement.

17 Le succès scolaire

Bien lire le texte

Joanny Léniot, à quinze ans et demi, était tout simplement un collégien fort en thème. Sa physionomie n'était pas agréable ; il était taciturne et ne regardait jamais les gens en face. Du reste, il vivait assez isolé. On le soupçonnait même d'employer les récréations à repasser mentalement ses leçons, tout en faisant semblant de dormir, étendu sur un banc. Caractère assez terne, dont personne n'aurait su dire rien de précis. Il était là, assis à sa place, ou debout à son rang ; c'était tout. Mais le jour de la distribution des prix, à l'appel de sa classe, on n'entendait plus que son nom, on ne voyait plus que lui sur l'estrade ; et, comme, après tout, il faisait honneur au collège, tous les élèves l'applaudissaient à se faire mal aux mains. Mais personne ne l'aimait.

Il était entré à Saint-Augustin à neuf ans, sachant à peine lire. Il s'était d'abord senti tellement seul – au milieu de ses condisciples qui parlaient une langue inconnue de lui –, tellement semblable à un prisonnier, tellement abandonné, qu'il s'était mis, pour ne plus sentir la misère de son existence, à travailler éperdument. Il se mit à étudier comme un homme se serait mis à boire : pour oublier. Il était un de ces caractères auxquels l'internat imprime une tare ineffaçable ; il le sentait, et luttait de son mieux contre ces influences.

Ses progrès étonnèrent tout le monde. Au bout d'un an, on le fit passer de la huitième classe dans la sixième et, dans cette nouvelle classe, pour la première composition de l'année, il fut le premier. Dès lors, il s'entêta, résolu à garder toujours le premier rang. On l'avait exclu des jeux de plein air ; sa maladresse était une certitude de défaite pour son camp ; les capitaines d'équipe eux-mêmes demandèrent qu'il fût dispensé de prendre part aux jeux. Il en fut content. Désormais tout lui devint indifférent, hormis cette place de premier, son idée fixe. Et c'était un effort de tous les jours, car même les devoirs ordinaires étaient classés, après correction, par ordre de mérite. La matière même des études lui importait peu : science, littérature, grammaire, géographie, ce n'étaient là que des occasions de satisfaire sa manie de gloire scolaire. On lui eût appris tout ce qu'on eût voulu, depuis que cette ambition avait été allumée en lui. Cette ambition l'aveuglait ; il en était arrivé à ne plus sentir, autour de lui, la petite allure de la vie, à ne plus voir l'aspect monotone, plat et banal, des choses.

Valery Larbaud (1881-1957), *Fermina Marquez*, Gallimard, 1911.

Compréhension du texte

Vocabulaire

1 **Fournissez un ou plusieurs antonymes pour chacun des mots suivants.**

a. taciturne b. isolé c. le succès d. banal

2 **En vous aidant du contexte, expliquez chacune des expressions suivantes dans un paragraphe rédigé.**

a. « un collégien fort en thème » (l. 1-2)

b. « employer les récréations à repasser mentalement ses leçons » (l. 3-4)

3 **la « gloire scolaire » (l. 27-28)**

Que signifie cette expression dans le texte ? Donnez une définition précise et soigneusement rédigée.

4 **Comment s'appelle la figure de style qui apparaît aux lignes 26 et 27 ? Quel effet produit-elle ?**

5 **l'adjectif « terne » (l. 5)**

Quel est son sens ? Employez-le dans des phrases qui mettront en valeur le sens particulier, la nuance de cet adjectif.

Sens général du texte

6 **Quelles sont les qualités et les défauts de Joanny Léniot ? Nommez-les et commentez-les.**

7 **Quelles sont les particularités de Joanny Léniot par rapport à ses condisciples ? Comment vit-il avec eux ? De quelle manière ceux-ci le considèrent-ils ?**

8 **Comment expliquez-vous l'acharnement de Joanny Léniot au travail ?**

Les thèmes et les idées du texte

9 **Composez la liste des thèmes que traite le texte et de ceux qu'il aborde.**

10 **Par quels moyens Joanny Léniot parvient-il au succès ?**

11 **Précisez la différence qu'il y a entre la « gloire scolaire » et la « manie de gloire scolaire ».**

Le sujet du brevet

Sujet

Le héros du texte travaille pour satisfaire « sa manie de gloire scolaire ». Et vous ? Pourquoi travaillez-vous ou ne travaillez-vous pas ? Quelle place pensez-vous qu'il faille accorder au travail dans la vie ?

Travail préparatoire

Analyse du sujet

1 Quel est le thème principal du sujet ?

2 Qu'est-ce que le travail ? À quoi peut-on opposer la notion de travail ?

3 À quel type particulier de travail devez-vous consacrer une part importante de votre réflexion ?

4 Devez-vous ensuite élargir la perspective ? Quelle expression du texte vous y incite ?

Conseils et écueils

• Une certaine sincérité de votre part est attendue. Même si vous ne travaillez pas assez, irrégulièrement, pas du tout, vous devez chercher pour quelles raisons et les exprimer. Le devoir vous incite précisément à analyser votre comportement pour le changer, le cas échéant.

• De ce point de vue, vous devez « oublier » le texte de Valery Larbaud et vous mettre personnellement en situation, vous impliquer.

Recherche des idées et élaboration du plan

5 Voici trois points qui peuvent fournir matière à deux parties seulement. Comment allez-vous les agencer ?

a. La place qu'il faut accorder au travail dans la vie.

b. Les raisons pour lesquelles vous travaillez.

c. Les raisons pour lesquelles vous ne travaillez pas.

Vous devez répondre personnellement à la question et trouver des arguments qui vous sont propres, en liaison avec votre expérience personnelle. Voici, à titre d'exemples, des réponses qui ont été fournies par des élèves de quatrième.

1. Les raisons pour lesquelles je travaille

a. pour vivre un quotidien scolaire qui soit le plus agréable et le moins stressant possible, à l'abri des mauvaises notes, des mauvaises appréciations, des punitions, des retenues, des colles et autres sanctions

b. pour faire plaisir à mes parents et à ma famille : tout le monde attache un grand prix à mes résultats scolaires

c. pour satisfaire mes professeurs qu'en général j'aime bien et qui ne calculent ni leur peine ni leur travail afin de nous expliquer un maximum de choses

d. pour moi, pour avoir de moi-même une image satisfaisante qui me rassure et me plaît

e. pour avoir plus tard le choix de mon futur métier sans être bloqué avant même de commencer des études spécifiques

f. pour exercer un métier qui me plaise

g. pour être le plus possible à l'abri des difficultés matérielles

2. La place qu'il faut accorder au travail dans la vie

a. Une place que l'on délimite, en fonction d'un certain nombre de paramètres :
– éviter le surmenage, la fatigue intense, physique, morale, nerveuse et psychique ;
– éviter de ne se consacrer qu'à son travail, au détriment de sa vie privée, de sa vie familiale et d'un équilibre d'existence harmonieux.

b. Une place d'une certaine importance, car le travail permet :
– d'assurer sa propre subsistance ;
– d'avoir sa liberté et son indépendance ;
– de rencontrer les autres, d'appartenir à un groupe, une société et d'y trouver sa place, d'y jouer un rôle.

Rédaction du devoir

6 Quel commentaire pouvez-vous faire sur ces deux points de vue exprimés dans des copies d'élèves traitant ce sujet ?

a. Certains travaux sont fastidieux et n'apportent aucune satisfaction : ils devraient être confiés à des robots.

b. Aux États-Unis, les éboueurs perçoivent des salaires élevés parce que leur travail est considéré comme difficile et ingrat.

Point culture

- « Le travail éloigne de nous trois grands maux : l'ennui, le vice et le besoin. » (Voltaire)
- « Le travail est beau et noble. Il donne une fierté et une confiance en soi que ne peut donner la richesse héréditaire. » (Alfred de Vigny)
- « Le travail est bon à l'homme : il le distrait de sa propre vie. » (Anatole France)

18 La vérité

Bien lire le texte

Âgé de cinq ou six ans, je fus victime d'une agression. Je veux dire que je subis dans la gorge une opération qui consista à m'enlever des végétations ; l'intervention eut lieu d'une manière très brutale, sans que je fusse anesthésié. Mes parents avaient d'abord commis la faute de m'emmener chez le chirurgien sans me dire où ils me conduisaient. Si mes souvenirs sont justes, je m'imaginais que nous allions au cirque ; j'étais donc très loin de prévoir le tour sinistre que me réservaient le vieux médecin de la famille, qui assistait le chirurgien, et ce dernier lui-même. Cela se déroula, point pour point, ainsi qu'un coup monté et j'eus le sentiment qu'on m'avait attiré dans un abominable guet-apens.

Voici comment les choses se passèrent : laissant mes parents dans le salon d'attente, le vieux médecin m'amena jusqu'au chirurgien, qui se tenait dans une autre pièce en grande barbe noire et blanche (telle est, du moins, l'image d'ogre que j'en ai gardée) ; j'aperçus des instruments tranchants et, sans doute, eus-je l'air effrayé car, me prenant sur ses genoux, le vieux médecin dit pour me rassurer : « Viens, mon petit coco. On va jouer à faire la cuisine. » [...]

Tout ce que je me rappelle de la période qui suivit immédiatement l'opération, c'est le retour en fiacre, les vaines tentatives de mes parents pour me faire parler puis, à la maison, ma mère me tenant dans ses bras devant la cheminée du salon, les sorbets qu'on me faisait avaler, le sang qu'à diverses reprises je dégurgitai et qui se confondait pour moi avec la couleur fraise des sorbets.

Ce souvenir est, je crois, le plus pénible de mes souvenirs d'enfance. Non seulement je ne comprenais pas que l'on m'eût fait si mal, mais j'avais la notion d'une duperie, d'un piège, d'une perfidie atroce de la part des adultes, qui ne m'avaient amadoué que pour se livrer sur ma personne à la plus sauvage agression.

Michel Leiris (1901-1990), *L'Âge d'homme*, Gallimard, 1939.

Compréhension du texte

Vocabulaire

1 Employez chacun des mots suivants dans une phrase qui mettra son sens en valeur.

a. sinistre b. une tentative c. brutal d. rassuré

2 Quel rapport y a-t-il entre :

a. un « coup monté » (l. 11) b. un « guet-apens » (l. 13)

3 Quels commentaires faites-vous sur l'emploi du mot « agression » dans le texte (l. 1) ?

4 Donnez un maximum de mots de la même famille pour chacun des mots suivants.

a. agression b. manière c. juste d. vain.

5 les « végétations » (l. 2)

Dressez le champ sémantique de ce mot au singulier, puis au pluriel.

6 un « ogre » (l. 19)

Dans quel type de littérature rencontre-t-on ce personnage ?

Sens général du texte

7 Résumez l'extrait en cinq lignes maximum.

8 Quel reproche principal le narrateur adresse-t-il à ses parents ? Pour quelles raisons, à votre avis ?

9 Que pensez-vous, personnellement, de la ruse du « vieux médecin » ? Quels sentiments auriez-vous éprouvés à la place du narrateur ?

Répondez en une dizaine de lignes.

Les thèmes et les idées du texte

10 Comment les adultes agissent-ils à l'égard du narrateur ?

11 Comment l'enfant réagit-il à l'égard du monde des adultes ?

12 Pour quelles raisons, à votre avis, les parents du narrateur ont-ils procédé de cette manière ? Leur donnez-vous raison ?

Répondez en cinq lignes et en fournissant un maximum d'arguments.

Le sujet du brevet

Sujet

Peut-on toujours dire toute la vérité aux enfants ?

Travail préparatoire

Analyse du sujet

1 **Qualifiez le type de sujet (gai, frivole, léger, grave, sérieux, etc.).**

2 **Compte tenu du type de sujet, quel ton devez-vous adopter ?**

3 **Quel commentaire faites-vous sur l'expression « peut-on » ? De quel genre de possibilité s'agit-il ici ?**

4 **Remplacez « peut-on » par une expression synonyme.** ....

Conseils et écueils

• Vous devez faire preuve à la fois de réflexion et de finesse.

• C'est dans votre expérience personnelle, vos souvenirs propres que vous trouverez des exemples concrets pour illustrer votre devoir.

Recherche des idées et élaboration du plan

• Le libellé du sujet vous indique un plan :

a. dans certains cas, il ne faut pas dire toute la vérité aux enfants ;

b. dans d'autres cas, il faut dire toute la vérité aux enfants.

Comme c'est l'usage, vous commencez par les idées qui ne sont pas les vôtres (l'antithèse) pour finir par les idées qui sont les vôtres : elles constituent votre thèse.

Vous avez tout intérêt à commencer par vous poser des questions et par y répondre.
– De quel type de vérité s'agit-il ?
– Quels sont les cas précis dans lesquels dire toute la vérité n'est pas possible ?
– Peut-on/doit-on cacher la vérité aux enfants ?
– Quelles raisons animent les adultes dans un cas comme dans l'autre ?
– À quels dangers s'expose l'adulte qui dit toute la vérité à un enfant ?
– Y a-t-il, oui ou non, un devoir de vérité de la part des adultes à l'égard des enfants ? Pour quelles raisons ?

• Voici une suggestion de plan.

1. Non, il ne faut pas toujours dire la vérité aux enfants.

2. Oui, il faut dire la vérité aux enfants, le plus souvent possible.

a. C'est moral et éducatif : on demande aux enfants de dire la vérité, il ne faut donc pas que les adultes leur mentent ; ils doivent de ce point de vue-là aussi montrer l'exemple.

b. Les enfants ont droit à la vérité : ils comprennent beaucoup plus de choses que les adultes ne le croient généralement. Il importe de leur expliquer correctement les situations.

c. Les enfants seront inéluctablement confrontés, à un moment ou à un autre, à la vérité, quelquefois sous ses aspects les plus désagréables. Même la mort des êtres les plus chers ne leur sera pas épargnée.

d. Prendre le risque de ne pas dire toute la vérité, c'est assumer le double risque que les enfants deviennent des menteurs et qu'ils perdent confiance dans le monde des adultes.

5 **Trouvez deux arguments pour soutenir la thèse développée dans la première partie. Prenez en considération le respect que l'on doit au jeune âge.**

Rédaction du devoir

6 **Voici quelques idées : précisez dans quelle partie de votre devoir elles pourraient s'insérer.**

a. Une des toutes premières vérités que l'enfant apprend : le Père Noël n'existe pas...

b. Il y a manière et manière de révéler des vérités : il importe de ne pas être brusque, d'être diplomate et mesuré.

c. L'une des plus dures vérités à admettre, quel que soit l'âge : l'existence de la souffrance et surtout de la mort pour soi-même et pour les autres.

Point culture

• Locutions proverbiales :
– la vérité se cache au fond d'un puits ;
– la vérité n'est pas toujours bonne à dire ;
– la vérité sort de la bouche des enfants.

• « Le monde se nourrit d'un peu de vérité et de beaucoup de mensonge. »
(Romain Rolland)

19 La solitude

Bien lire le texte

Il tombait de son lit chaque matin à six heures et rentrait chez lui le soir, après avoir roulé toute la journée. Chez lui ? Un studio au troisième étage d'un immeuble moderne, dans un coin de banlieue. Ses fenêtres donnaient sur une plaine d'usines et d'habitations ouvrières. Un canal désaffecté, livré à l'épisodique navigation des touristes, colorait ce quartier de grisaille. Une herbe folle recouvrait ses remblais, le long d'un ancien chemin de halage. L'été, des yachts fendaient l'eau morte. Les coques blanches s'imprimaient dans l'épais miroir. Leurs sillages n'en finissaient pas. Quelques collines bornaient l'horizon. La ville s'y mélangeait avec des terrains vagues. Un peu plus loin commençait une campagne exténuée, qu'entamaient régulièrement les blocs de nouvelles constructions. Il avait mis son nom sur une boîte aux lettres dans l'entrée de l'immeuble. Bonaventure. Pas de prénom. Aucun voisin n'avait prêté attention à ce nouveau locataire. Les habitudes étaient de se saluer de loin, du bout des lèvres. Seule une marmaille tournoyante se jetait parfois dans ses jambes quand il grimpait les escaliers. L'homme avait beaucoup rêvé à la gloire. Bonaventure en avait une sainte horreur, et appréciait de n'être connu de personne, pas même de ses voisins. Malgré les apparences, il avait apporté beaucoup de soin et de minutie à son installation. Un lit, un poste de télévision, une table, une cafetière, le minimum de vaisselle, deux chaises. Ce décor de guérite lui convenait. Il l'avait imaginé comme un remède pour s'imposer le silence. L'ensemble hésitait entre la geôle du prisonnier et la cellule du moine. C'était voulu : puisqu'il s'était entêté à vivre, il souhaitait que rien ne vienne distraire son regard.

Daniel Rondeau (né en 1949), *Les Tambours du monde*, Grasset, 1989.

Compréhension du texte

Vocabulaire

1 Rédigez la définition des mots suivants à la manière du dictionnaire.

a. un studio
b. la marmaille
c. la minutie

2 Pour chacune des expressions suivantes, fournissez une expression antonyme.

a. « un canal désaffecté » (l. 7-8) ....

b. « ce quartier de grisaille » (l. 9-10) ....

c. « une campagne exténuée » (l. 18-19) ....

3 Employez chacune des expressions suivantes dans une phrase qui mettra son sens en valeur.

a. « se saluer de loin, du bout des lèvres » (l. 25)

b. « ce décor de guérite » (l. 31)

c. « s'imposer le silence » (l. 32)

Sens général du texte

4 Le décor extérieur : le paysage

a. Faites la liste de tous les éléments du décor.

b. Quelle impression d'ensemble produit ce décor ?

5 Le décor intérieur : le studio

a. Comment est-il agencé, meublé, décoré ?

b. Qualifiez ce décor à l'aide d'adjectifs qualificatifs.

6 Le héros de l'histoire

a. Relevez tout ce que vous apprenez à son sujet (n'omettez aucun détail).

b. Reprenez vos réponses et rédigez-les de manière à composer un portrait le plus complet et le plus fidèle possible de Bonaventure.

7 La vie sociale

a. Notez tout ce qui est précisé sur ce sujet.

b. Qualifiez cette vie sociale.

c. Aimeriez-vous ce type de vie sociale ? Justifiez votre réponse en six lignes environ.

Les thèmes et les idées du texte

8 Quel est le thème principal de l'extrait ? ....

9 Quels sont les thèmes secondaires ?

Le sujet du brevet

Sujet

Certains choisissent de vivre dans une solitude complète, pendant un certain temps ou toute leur vie. D'autres subissent leur solitude car ils ne savent pas y remédier. Montrez, par des exemples précis, que la solitude peut être bien ou mal vécue selon les cas.

Travail préparatoire

Analyse du sujet

1 **Relevez les mots clés du sujet.** ....

2 **Qu'est-ce que la solitude ?** ....

3 **Qu'est-ce que le contraire de la solitude ?** ....

4 **On parle parfois de « drames de la solitude » : de quoi s'agit-il ?**

5 **Le sujet mentionne deux types de solitude. Quels sont-ils ? Donnez un maximum d'exemples pour chacun d'eux.**

Conseils et écueils

- Analyser votre propre rapport à la solitude peut être un bon point de départ, une bonne amorce pour votre réflexion.
- Élargissez ensuite la perspective et considérez alors la manière dont est vécue la solitude par un maximum d'individus dans nos sociétés.

Recherche des idées et élaboration du plan

Voici des idées qui peuvent venir nourrir votre copie. Cette liste n'est pas exhaustive.

1. La solitude est un drame pour certains.

a. La solitude est mal vécue par ceux qui ne l'ont pas librement choisie, mais pour lesquels elle est imposée par les circonstances de la vie, problèmes de famille, manque d'amis et de relations : les vieillards, les célibataires, les personnes vivant isolées pour des raisons géographiques ou pour des raisons de tempérament, de caractère, qui ont des difficultés à se lier avec autrui.

b. La solitude est d'autant plus mal vécue chez les individus fragiles, qui manquent de ressources intérieures pour affronter une situation généralement considérée comme éprouvante.

c. Les manifestations de la solitude peuvent être : l'ennui, la tristesse, un certain sentiment d'abandon.
L'absence d'interlocuteur génère un repli sur soi.

2. La solitude peut être bien vécue.

C'est généralement le fait de ceux qui l'ont choisie, désirée.

a. Être seul, c'est être libre, indépendant, avoir la possibilité d'organiser sa vie, de la gérer sans contrainte. C'est également avoir la possibilité de se consacrer à soi, à sa vie, à ses passions, sans s'occuper des autres. C'est pour ces raisons qu'un certain nombre de personnes choisissent de vivre seules.

b. Être seul peut être un mode de vie d'un genre particulier auquel on aspire profondément. Les religieux, hommes et femmes, qui vivent dans les monastères, ont choisi ce mode de vie pour se recueillir, prier, se consacrer à une existence tournée vers la vie intérieure et la méditation.

Rédaction du devoir

Gros plan sur l'introduction

6 **Voici une introduction à laquelle il manque la troisième et dernière partie : celle qui pose le problème, formule les questions auxquelles le développement va répondre. Rédigez cette dernière partie.**

Nombre d'individus connaissent la solitude. Celle-ci peut conduire certains hommes ou certaines femmes à des actes tragiques ; on peut lire fréquemment dans les journaux des titres de ce genre : « Drame de la solitude, une personne se donne la mort. »

Qu'est-ce que la solitude ? Il s'agit, dans ces cas-là, non pas de la solitude d'un après-midi ou de quelques heures, mais d'une solitude profonde et installée dans la durée qui enferme sur lui-même celui qui la subit et le fragilise.

Gros plan sur la conclusion

7 **La conclusion suivante se compose des deux premières parties. Rédigez la troisième.**

Drame absolu pour certaines personnes, la solitude représente pour d'autres un choix de vie, un bonheur réel.

Nous sommes tous entourés d'êtres qui subissent une solitude qu'ils n'ont pas désirée et qui les affecte. Partager de temps en temps leur solitude, c'est les aider et parfois même peut-être leur sauver la vie.

20 La campagne

Bien lire le texte

C'est il y a cinq ans, après beaucoup de discussions et vote à main levée, que nous avons décidé de quitter Paris. Mon père rêvait de dormir fenêtre ouverte sur ses plantations. Maman n'était pas contre à condition de pouvoir disposer d'une voiture, n'importe quoi qui roule, pour garder sa liberté. Bernadette, n'en parlons pas : il y avait un manège à proximité. Quant à Cécile et à moi, l'idée d'avoir chacune notre chambre a emporté la décision. Inutile de dire que Claire était contre ; elle ne supporte pas le changement et a déclaré qu'à part un divorce rien ne vieillissait davantage que de changer d'habitation.

La maison, dans un petit village à vingt-cinq kilomètres de Paris, règne sur un demi-hectare de terrain, ce qui est amplement suffisant pour celle qu'on charge du ramassage des feuilles mortes à l'automne. Nous lui avons gardé son nom : La Marette. « Petite mare », dit maman. « Petite marée », me dis-je, car alors je sens toute la mer derrière.

Nous avons six jeunes pommiers, un saule, deux noyers qui donnent chaque année, une sorte de sapin qui s'est trompé de sens et se répand au lieu de monter, quelques autres arbres et arbrisseaux dont je ne connais pas le nom mais qui se plaisent chez nous. Au centre du jardin un bassin en forme d'œil, alimenté par une source glacée, permet de mettre à rafraîchir les jus de fruits l'été sans remonter jusqu'au réfrigérateur. S'y baigner est héroïque !

On n'entend vraiment passer les voitures que le samedi quand il y a des mariages et que les gens annoncent leur bonheur en assourdissant la population à coups de klaxon. Par contre, le grondement des péniches au fond du jardin, où coule l'Oise, nous est devenu familier : voix sourde et régulière qui parle linge qui flotte et voyages.

Quand chacune a choisi sa chambre, j'étais seule en faveur du grenier. Après avoir essayé une nuit, Cécile a déclaré que des légions de rats galopaient au-dessus de sa tête. À mon avis, il s'agit d'oiseaux ; à l'aube, je les entends battre des ailes.

Janine Boissard, *L'Esprit de famille*, Fayard, 1982.

Compréhension du texte

Vocabulaire

1 « vote à main levée » (l. 1)

a. Que signifie cette expression ?

b. Qu'est-ce que le contraire d'un vote à main levée ?

2 « un manège » (l. 5)

a. D'après le contexte, quel est le sens de ce mot ?

b. À quel champ lexical se rattache-t-il ?

3 Donnez une expression synonyme pour chacune des expressions qui suivent.

a. « Maman n'était pas contre » (l. 3) ....

b. « amplement suffisant » (l. 10) ....

c. « le grondement... nous est devenu familier » (l. 22-23) ....

d. « j'étais seule en faveur du grenier » (l. 24) ....

e. « des légions de rats » (l. 25) ....

4 Expliquez l'expression suivante.

« voix sourde et régulière qui parle linge qui flotte et voyages » (l. 23)

Sens général du texte

5 Quelle décision a été prise ? Par qui ? Répondez par une phrase.

6 Qui a une bonne raison de choisir de vivre à la campagne ? Précisez de quelle raison il s'agit.

7 Qui s'oppose ici à ce déménagement ? Pour quelle raison ? Est-elle convaincante ?

Les thèmes et les idées du texte

8 Donnez trois titres explicites à cet extrait.

9 Les protagonistes ont quitté Paris pour aller s'installer à la campagne.

Quand une entreprise ou une école quittent Paris ou sa banlieue pour aller s'installer en province, comment appelle-t-on ce phénomène ? ....

10 Il y a quelques années, les agriculteurs ont quitté les campagnes pour venir dans les villes et leur périphérie.

Comment a-t-on appelé ce phénomène ? ....

Le sujet du brevet

Sujet

À notre époque, il faut se préparer à quitter sa région natale. Quelles peuvent en être les raisons et quelles en sont, selon vous, les conséquences familiales ?

Travail préparatoire

Analyse du sujet

1 Quelles sont les deux questions que pose le sujet ?

2 Que signifie l'expression « région natale » ? Développez votre réponse.

3 Au cours des cinquante dernières années, le concept de « région natale » a évolué : comment et pourquoi ?

4 Mobilisez vos souvenirs d'histoire et de géographie : qu'est-ce que l'exode rural ?

Conseils et écueils

• Le plan est simple à suivre et induit par le sujet de manière précise : ne cherchez donc pas la difficulté en élaborant d'autres types de construction plus complexes et moins appropriés à un bon traitement du devoir.

• Méfiez-vous du bavardage : ne vous laissez pas aller à raconter une histoire particulière que vous connaissez. Le sujet demande que vous considériez le problème de manière large.

• Détachez-vous du texte de base que vous venez d'étudier.

Recherche des idées et élaboration du plan

• Le sujet vous conseille de donner plusieurs exemples ; caractérisez-les soigneusement de manière que votre lecteur ne fasse pas de confusions entre les différents exemples.

a. S'il faut se préparer à quitter sa région natale, ce n'est pas dans un élan totalement spontané : les raisons de ce départ sont naturellement à chercher ailleurs que dans la fantaisie des individus.
Demandez-vous quelle est la raison principale qui conduit les gens, de nos jours, à quitter leur région natale.

b. Ce type de question ouverte vous conduit à explorer largement le champ des possibles ; pour la seconde question (les conséquences familiales), n'hésitez pas à composer une liste. Comme dans le texte de base, il y a sûrement un double aspect de la réalité : les bonnes conséquences et les moins bonnes. Cherchez deux bonnes conséquences et deux mauvaises.

Dans la recherche de vos idées, soyez sensible à l'expression « à notre époque » ; le sujet fait nommément allusion à la conjoncture économique actuelle. Ainsi, certaines raisons ne sont pas dans le droit fil du sujet, par exemple : rejoindre un centre universitaire pour faire ses études ou aller s'établir dans une autre région que sa région natale, pour des raisons de santé. Il y a cinquante ans déjà, il fallait quitter les campagnes et les petites villes pour aller étudier dans les centres universitaires ; il y avait également des gens qui allaient s'établir dans le sud de la France ou à la montagne pour des raisons de santé...

• Voici une suggestion de plan.

1. Les raisons qui peuvent conduire à quitter sa région natale

C'est essentiellement la perspective de l'emploi qui sera traitée ici.

On quitte sa région natale :
– pour trouver du travail, pour échapper au chômage ;
– pour obtenir une promotion, avoir de l'avancement, pour raisons de carrière.

2. Les conséquences familiales pour ceux et celles qui quittent leur région natale

a. Les conséquences négatives :
– éclatement de la cellule familiale si l'un des membres de la famille part travailler dans une autre région ;
– difficultés d'adaptation pour la famille transplantée dans un autre lieu, si toute la famille a pu suivre.

b. Les conséquences positives (naturellement le scénario inverse existe et il doit être mentionné) :
– les liens familiaux sont resserrés ; d'abord isolée dans un nouvel endroit, la famille fait jouer des réflexes de solidarité et se conforte dans cette « adversité » relative ; elle s'habitue à un nouveau mode de vie ;
– il y a un enrichissement incontestable à découvrir d'autres lieux, d'autres personnes, à quitter le périmètre géographique où l'on est né, qui génère des habitudes, des modes de vie parfois sclérosants.

Rédaction du devoir

Gros plan sur les transitions

5 **a. Quelle phrase placerez-vous à la fin de votre première partie ?**

b. Quelle phrase placerez-vous entre le a. et le b. de votre point 2 ? Trouvez les idées, puis rédigez soigneusement les phrases.

Révision 4

Vocabulaire

Répondez à chacune des questions portant sur des mots ou des expressions que vous avez étudiés au cours des cinq séquences précédentes.

1 **Dressez le champ sémantique du mot « manège ». Donnez la définition de chacun des sens du mot.**

2 **Quel est le contraire d'un vote à bulletin secret ? À quel domaine cette expression appartient-elle ?**

3 **a. Qu'est-ce qu'un studio au sens le plus courant du terme ?**
b. À quels champs lexicaux pouvez-vous rattacher ce mot ? Donnez-en au moins deux.

4 **a. Quel est le terme familier, féminin et toujours au singulier, qui désigne les enfants ?**
b. Donnez un maximum de synonymes du mot « enfant » et précisez à chaque fois à quel niveau de langue le mot appartient.

5 **a. Qu'est-ce qu'un fort en thème ? (Rédigez votre réponse.)**
b. Donnez des mots ou des expressions désignant le contraire d'un fort en thème.
c. À quel champ lexical tous ces mots appartiennent-ils ?

/5

Style

Voici cinq erreurs de style, assez grossières, extraites de copies d'élèves.
a. Identifiez chacune de ces erreurs.
b. Précisez ce qui constitue la faute (il n'y a qu'une seule erreur par exercice).
c. Proposez une correction.
Reportez-vous à l'exemple de la page 28.

6 **Vous devez me faire confiance sur cette personne que je connais bien.**

7 **Bien que nous ne nous sommes jamais rencontrés, je suis sûr que vous êtes un excellent professeur et que vous sauriez me motiver dans mon travail.**

8 **Je ne demande qu'à être dans la classe de ce nouvel élève avec qui j'ai fait connaissance en étude surveillée hier soir.**

9 **Cet élève tout à fait ordinaire, qui avait des résultats moyens et un comportement normal, était un personnage apprécié de ses condisciples.**

10 **J'attire votre attention concernant le français, une discipline qui était très bien enseignée au collège.**

/5

Point culture

Répondez à chacune des questions de culture générale portant sur les textes et les exercices que vous avez étudiés dans les cinq séquences précédentes.

11 Vous avez lu un texte consacré à Joanny Léniot, le fort en thème.

a. De quel roman est-il extrait ? ....

b. Qui en est l'auteur ? ....

12 Parmi cette liste de thèmes, quels sont ceux que vous avez étudiés lors des cinq séquences précédentes ?

a. l'affection

b. le risque

c. la réussite

d. l'exclusion

e. le succès

f. la vérité

13 Quel type de risque le narrateur prend-il dans l'extrait de Maurice Genevoix ?

14 Quelle est l'agression dont est victime le narrateur dans le texte de Michel Leiris ?

15 Qu'est-ce qui caractérise la vie de Bonaventure ?

16 Attribuez les œuvres à leurs auteurs en traçant des flèches.

a. Janine Boissard	1. *Les Tambours du monde*
b. Michel Leiris	2. *L'Esprit de famille*
c. Daniel Rondeau	3. *L'Âge d'homme*

17 Dans le texte intitulé « La vérité », quel reproche le narrateur fait-il à ses parents ?

18 Dans le texte intitulé « La campagne », la narratrice et sa famille quittent la capitale pour aller s'installer en Normandie. Vrai ou faux ?

19 Dans ce même texte, quels sont les bruits que l'on entend de la nouvelle maison où s'est installée la famille de la narratrice ?

20 Qu'arrive-t-il au narrateur du texte intitulé « Le risque » ? Quelles qualités et quels défauts manifeste-t-il ?

/10

Comparez vos réponses avec celles des corrigés pp. 125-126, puis calculez votre score sur 20.

TOTAL /20

Corrigés

1 L'originalité

Compréhension du texte

1 a. Un original est une personne d'un caractère particulier, singulier, qui paraît bizarre. C'est un excentrique, un fantaisiste, un olibrius, un « numéro ».

b. Mots de la même famille : originalité, originel, originaire, originalement.

2 a. Ici, « tout récent » signifie : « il est tout nouveau pour moi, je viens de le rencontrer, de faire sa connaissance ».

b. Le sens le plus fréquent du mot est : qui s'est produit ou qui existe depuis peu de temps, qui est proche dans le passé.

c. J'éprouve une passion violente, mais récente, pour une œuvre que je viens de découvrir, *Chronique des Pasquier*, de Georges Duhamel.

3 a. Synonyme : virés au gris.

b. Quand on ajoute le suffixe « âtre », on obtient « grisâtre » ; apparaît une nuance dépréciative, péjorative qui ajoute à la tristesse de la couleur.

4 a. C'est le narrateur qui parle (« Je l'ai rencontré », etc.). Le narrateur se promène dans les rues de Paris (rue de Médicis) ; il a des souvenirs de la mode vestimentaire de 1880 (l. 10) ; il est curieux et très observateur (minutie du portrait de l'original). Il est anticonformiste (l. 30-31).

b. La relation de cet extrait peut être considérée comme une expérience vécue et sincèrement retranscrite par le narrateur.
Paul Léautaud est né à Paris en 1872 et décédé à Robinson-sur-Seine en 1956. Cynique, souvent sarcastique, il hait le conformisme et montre une grande indépendance dans ses jugements ainsi qu'un intérêt profond pour les originaux et les marginaux.

5 Il s'agit d'un texte à caractère autobiographique relatant sans fard une expérience vécue par l'auteur.

6 *Les principaux traits de l'original :*
– *physiques :* une quarantaine d'années, un visage fin et soigné, des chaussures et des vêtements misérables et antiques. Cet habillement est d'autant plus curieux qu'il n'exclut pas une certaine recherche : blancheur du faux col, port d'une cravate, d'un chapeau et surtout tringle du parapluie ; l'homme fait de visibles efforts vers ce qu'il croit être l'élégance ;
– *moraux :* d'après son attitude (l. 22 à 25), il semble heureux de vivre et n'avoir nulle conscience d'être marginal, décalé par rapport aux autres personnes. Il est attachant (l. 27-28) et peut-être à la lisière de la normalité (l. 30).

7 *Indice de temps :* « un matin du printemps dernier ».

Indice de lieu : « rue de Médicis ». On peut supposer que le narrateur se rendait à son travail lorsqu'il a rencontré l'original, ce qui renforce l'aspect « vécu » et documentaire du texte.

8 On peut juger cet original sympathique ou antipathique, selon sa propre sensibilité. Reste qu'objectivement, il paraît un peu pitoyable, égaré et perdu.

9 Le narrateur éprouve pour l'original du texte et pour les originaux en général une certaine sympathie (l. 27 à 30). Il voue aux marginaux et aux êtres atypiques davantage de sympathie qu'aux êtres conformistes (l. 30-31).

10 Le narrateur espère que l'original continue de mener en liberté son existence qui semble aux franges de la folie douce. Il redoute cependant qu'il ait été enfermé dans un asile.

11 En général, selon l'auteur, les gens jugent mal les originaux (l. 30-31). L'auteur se plaint du manque d'intérêt de ses contemporains, de leur absence d'originalité qui, pense-t-il, pourraient les rendre passibles d'enfermement. Il les accuse de détester violemment et à tort l'originalité, attitude dont les originaux font les frais. Il s'agit d'un jugement subjectif et provocateur.

Le sujet du brevet

1 Un personnage original est un personnage qui n'est pas commun, pas banal, que l'on remarque parce qu'il possède certaines particularités.

2 Oui, le texte de Léautaud peut fournir des idées, notamment en ce qui concerne le plan suivi par l'auteur : circonstances de la rencontre avec l'original, portrait physique, portrait en action/moral, brève conclusion.

3 Rencontre dans un aéroport américain d'un Amérindien : visage pur et racé, regard hautain, indéfinissable charisme, colliers et bracelets de perles.
Rencontre dans une ville de province d'une femme âgée, aux vêtements bariolés, portant avec elle une dizaine de sacs des plus petits aux plus grands. Un certain mystère un peu angoissant l'entourait.

2 L'aventure

Compréhension du texte

1 a. Une logeuse est une personne qui loue une ou plusieurs chambres meublées. *Mots de la même famille :* logement, logeable, loger.

b. *Logements luxueux :* château, palais ; *logements misérables :* taudis, bidonville, favela, masure ; *logements individuels :* maison, villa ; *logements collectifs :* immeuble, bloc, etc.

2 Mots et expressions appartenant au champ lexical du football : une partie de ballon, goal, but, shooter, bloquer le ballon.

3 a. Le mot « football » est un mot anglais : *foot* signifie pied ; *ball* signifie ballon.

b. C'est un emprunt

c. On considère aujourd'hui qu'il faut limiter le nombre des emprunts, notamment à l'anglais. Les recommandations officielles du ministre de la Culture conseillent de recourir le plus souvent possible aux termes de la langue française. Ainsi, on ne devrait plus dire « marketing », mais « mercatique ».

4 Synonyme du mot « investigations » : recherches.

5 a. Les personnages du texte sont : le narrateur et trois autres adolescents : Henri, Albert et Maurice.

b. Leurs activités sont ludiques : football, investigations, mais Henri et Albert travaillent ; ils ont un employeur.

c. Leur mode de vie est particulier : ils semblent très indépendants, libérés de la férule des adultes, responsables d'eux-mêmes.

Les renseignements qui nous sont donnés sur la villa sont les suivants : elle est située à mi-flanc de la baie de Garavan. Elle est immense et ses volets sont clos. Une longue clôture entoure un jardin très touffu. L'endroit, luxueux et attirant, semble désert et abandonné. Une atmosphère de mystère un peu trouble et tragique enveloppe la propriété.

7 Les enfants ressentent une grande joie de vivre (l. 1). Ils sont heureux, ivres de liberté, très satisfaits de leur sort et de leur mode de vie. À la fin du texte transparaît une certaine fascination pour la villa.

8 Les sensations : harmonie avec la nature, le monde, vitalité, vivacité, gourmandise, crainte légère face à la villa.

9 Les enfants semblent s'être réfugiés dans le sud de la France (zone libre au début de l'occupation allemande lors de la Seconde Guerre mondiale).

10 *Thème principal :* la joie de vivre.

11 *Thèmes secondaires :* le jeu, l'amitié, l'organisation de la vie quotidienne, la gourmandise, le monde extérieur, la liberté.

Le sujet du brevet

1 Le rapport entre le sujet et le texte de Joffo est très important. Il est nécessaire d'avoir compris parfaitement le texte avant de commencer à travailler.

2 Mots clés du sujet : désordre, inattendues, décrivez, spectacle, émotions.

3 Type de devoir demandé : récit, mais aussi description et analyse de sentiments.

3 L'héroïsme

Compréhension du texte

1 a. Une complainte : une plainte, une lamentation.

b. Une pâture : un lieu où l'herbe croît et où l'on fait paître le bétail.

c. Sonore : qui a un son agréable et éclatant, qui sonne bien et fort.

d. Gravir : monter avec effort, grimper.

2 Faire volte-face : se retourner pour faire face.

3 a. « Formidable » signifie étymologiquement : qui inspire ou qui est de nature à inspirer la terreur.

b. Étymologie : *formido*, la terreur en latin.

c. Dans les années 1960, « formidable » signifiait « fantastique, merveilleux ». Ce sens a pratiquement disparu de nos jours. Les mots ont des sens particuliers qui sont à la mode, puis deviennent obsolètes ; à ce titre, « formidable » a subi le même sort que ses synonymes : « fumant, sensationnel », etc.

4 Phrases précédées de tirets : l. 7, 12, 21. Félicité, la servante, s'adresse à sa maîtresse et aux deux enfants de celle-ci. Ces messages sont des ordres, des conseils, des objurgations.

Les enfants sont complètement passifs, Mme Aubain est à moitié passive (« Mme Aubain allait courir », l. 11), Félicité l'arrêtera dans son geste.

Un taureau menace quatre personnes : une servante, sa maîtresse et les deux enfants de celle-ci. Face au danger, la servante ne perd pas son sang-froid et écarte le danger par des ruses. Apeurés, Mme Aubain et ses enfants cèdent à la panique ; ils auraient été incapables de se sortir de ce mauvais pas sans la courageuse intervention de la servante.

Félicité est courageuse, dévouée, astucieuse, vive et autoritaire à bon escient. Elle connaît bien la campagne et le monde animal.

Ils doivent échapper à un troupeau de bœufs et à un taureau.

Mme Aubain réagit par la panique, sans aucun sang-froid, elle « allait courir » (l. 11), elle est « éperdue » (l. 18), elle a perdu le contrôle d'elle-même et ne maîtrise pas la situation.

10 Félicité est héroïque parce qu'elle maîtrise la situation avec sang-froid, efficacité et intelligence. Elle a également la modestie des vrais héros.

11 La vie en province est souvent cancanière, ressassant les événements locaux et leur accordant une grande importance.

Le sujet du brevet

1 Le rapport entre le sujet et le texte de Flaubert est très étroit, puisqu'il s'agit de raconter la scène vue par l'un de ses participants, Mme Aubain ou l'un de ses enfants. Il s'agit d'un changement de point de vue.

2 Éléments importants : les circonstances de l'événement, la psychologie des personnages et leurs réactions face au danger.

3 Projet de devoir qui prend par exemple pour narratrice Virginie. Elle s'adresse à deux amies : Eulalie et Amélie. Ses amies ne jouent aucun rôle réel ; elles écoutent Virginie bouche bée en frissonnant, trop médusées et épouvantées pour intervenir.

4 *Extrait 1.* C'est Mme Aubain qui s'exprime : elle vouvoie son interlocutrice et réciproquement ; elle a de la condescendance pour sa domestique, elle connaît parfaitement les qualités de Félicité ; le ton général montre qu'il s'agit d'un adulte.

Extrait 2. C'est Paul qui s'exprime : le tutoiement, un aspect fanfaron de l'attitude.

Extrait 3. C'est Virginie qui s'exprime : une certaine préciosité du ton, l'aveu non déguisé d'une grande peur.

L'aspect fanfaron de Paul comme la préciosité de Virginie et l'aveu qu'elle fait de sa peur sont naturellement à replacer dans le contexte : l'époque et sa mentalité. Il s'agit d'un siècle différent du nôtre : filles et garçons sont élevés séparément et différemment (la mixité à l'école, par exemple, n'existe pas). Les caractères féminins ou masculins sont davantage marqués qu'ils ne le sont de nos jours. Maintenant, la différence de comportement entre les deux enfants serait moins visible.

4 Les magasins

Compréhension du texte

1 a. « Bonheur des Dames » : dans ce grand magasin, les « dames », les femmes, seront comblées.

b. Ce nom a été choisi parce qu'il est gratifiant pour l'établissement. Il repose également sur le sens de l'expression populaire « trouver son bonheur », qui signifie trouver ce que l'on cherche.

a. Le magasin est le temple, le *nec plus ultra* du commerce moderne, opposé au commerce ancien, à la petite mercerie comme celle de Thérèse Raquin (dans le roman de Zola qui porte son nom).

b. C'est une exagération, une hyperbole, c'est aussi une forme de métaphore.

a. Le blanc : le linge de maison, qu'il soit d'ailleurs blanc ou coloré, à condition que la couleur supporte le même type de lavage que le blanc.

b. La mercerie : l'ensemble des marchandises destinées à la couture, aux travaux d'aiguille (fils, boutons, rubans).

c. La bonneterie : l'ensemble des articles d'habillement à mailles.

d. La draperie : l'ensemble des articles confectionnés en tissu de drap.

Les deux grandes parties du texte sont :
– jusqu'à la l. 20 : le magasin le jour de l'ouverture ;
– l. 21 à 32 : la stratégie de Mouret.

Les principaux aménagements réalisés par Mouret visent à dégager l'espace, à laisser entrer l'air et la lumière, à agencer les marchandises de manière à donner une impression de modernisme, de luxe, de confort.

6 Mouret est autoritaire, omniprésent, ambitieux, audacieux, intelligent, organisé, stratège, inventif, fin, obsédé par sa réussite, à laquelle il s'est entièrement voué, jeune d'esprit, tourné vers le monde moderne et l'avenir.

7 L'action se déroule à la fin du XIXe siècle.

8 Avant la lettre, il s'agit bel et bien de « marketing » : ensemble des actions ayant pour objet d'analyser le marché présent ou potentiel d'un bien ou d'un service et de mettre en œuvre les moyens de satisfaire la demande ou, le cas échéant, de la stimuler ou de la susciter. Ces actions se rattachent à la vente, au commerce.

9 L'ambition, l'intelligence, l'amour du métier, la réflexion appliquée.

10 Né en 1840, Octave Mouret a fait de médiocres études à Plassans, dans le sud de la France. Il « monte » à Paris, épouse Mme Hédouin, qui est propriétaire du magasin dont il héritera à la mort de sa femme. Commerçant de génie, son slogan est « vendre bon marché pour vendre beaucoup ».

11 Thérèse Raquin a, quant à elle, une petite mercerie qui fera faillite. Elle apparaît dans le roman de Zola qui porte son nom.

Le sujet du brevet

1 Non, le sujet ne suggère pas un plan à proprement parler. Il se borne à préciser ce que le devoir doit contenir comme informations, qui auront intérêt à être présentées conjointement.

2 La scène à décrire va se dérouler dans un magasin parisien destiné à une clientèle féminine (vêtements, mais aussi tissus et accessoires). Ce magasin est unique en son genre : c'est l'un des premiers grands magasins.

3 À l'époque de Zola, les boutiques étaient souvent très petites, sombres, sans aucune décoration. Elles tenaient beaucoup plus des échoppes que des magasins actuels. Le « Bonheur des Dames » est différent, car moderne : plus grand, plus clair, décoré, offrant beaucoup plus de choix que les autres. De nombreuses clientes appartenant à tous les milieux sociaux vont venir au magasin de Mouret : ménagères du quartier, bourgeoises, femmes de la haute société : le bouche à oreille a fonctionné.
L'ambiance du magasin, bondé, est comparable à celle de notre époque : brouhaha, agitation, excitation, etc.

La vie scolaire

Compréhension du texte

a. Ignare : sans instruction, d'une ignorance complète.

b. Cadence : rythme régulier d'une succession de sons, d'actions...

a. Dédaigneux : dédain, dédaigner, dédaignable, dédaigneusement.

b. Redouter : redoutable, redoutablement.

c. Anormale : normal, normalité, normalement, anormalité.

d. Apitoyé : pitié, pitoyable, pitoyablement.

a. Silencieux : bavard.

b. Ignare : savant ; cultivé.

c. Maigre : gros ; gras.

d. Cruel : bon ; indulgent.

a. Un « plouc » est un paysan.

b. Langue familière et péjorative.

c. *Synonymes :* péquenaud (langue familière, terme péjoratif) ; agriculteur, cultivateur (langue courante).

5 Champ lexical de la vie scolaire : estrade, salle de classe, professeur, camarades, au tableau, classe, questions, ignare, connaissances, les rangs, examen, lycée, élèves.

6 a. Dans le Sud-Ouest, le narrateur vivait sa scolarité avec bonheur, aisance et avec un sentiment de supériorité (l. 23 à 27). Il était sans problèmes, heureux, épanoui.

b. À Paris, le narrateur vit sa scolarité dans le malaise, la crainte, voire la panique, l'appréhension, la solitude, le mépris des autres et leurs moqueries. Il se sent seul, humilié, bafoué, incompris.

7 Le narrateur est courageusement lucide : « silencieux, hésitant, ignare » (l. 13-14), « mes maigres connaissances » (l. 14), « accent du Midi » (l. 15). Le narrateur ne manifeste aucune indulgence à son égard. Il ne cherche ni à se valoriser ni à se trouver des circonstances atténuantes.

8 *Thème principal :* l'adaptation de l'élève à l'environnement scolaire.

9 *Autres thèmes :* l'adolescence, le regard des autres, l'analyse de soi.

10 Tout est relatif ; le meilleur dans un lieu précis peut être moins bien, voire le moins bon ailleurs. Il importe donc de toujours rester modeste.

Le sujet du brevet

1 Les deux « clans » sont : le narrateur et ses condisciples.

2 Le narrateur a l'accent du Sud-Ouest alors que les autres n'ont pas d'accent prononcé.

3 Les élèves considèrent le nouveau venu comme un provincial égaré, un peu ridicule, écorchant les mots sans aucune élégance, chantant de manière comique au lieu de s'exprimer comme le bon sens et le bon goût le recommandent.

Les camarades du narrateur ressentent du dédain, du mépris, de la pitié, autant de sentiments qu'ils ne cachent pas : « sourires dédaigneux », « rires mal étouffés », « contorsions apitoyées » (l. 15-16).

1re idée. J'avais choisi comme sujet d'exposé de parler du livre d'Alphonse Daudet : *Le Petit Chose, histoire d'un enfant.*
Le public était goguenard. Certains élèves avaient parié que j'allais tout faire pour dissimuler mon accent. Ils se trompaient bien ! Je n'avais nullement l'intention de parler pointu comme eux ! C'est en regardant Velan, mon plus farouche adversaire, que je récitai de mémoire la première phrase du roman.
Immédiatement, je perçus l'intérêt de mes condisciples.
Enhardi et éloquent, je continuai mon exposé. Les misères du Petit Chose n'étaient-elles pas comparables aux miennes ? Comme lui, on me plaignit, on m'aima, on oublia mon accent et une nouvelle vie commença pour moi.

2e idée. Un jour d'orage où la classe était particulièrement énervée, Bernier proposa de cacher tout le matériel du cours de maths au sommet de l'armoire. Tous les élèves accueillirent cette proposition avec joie : le temps de retrouver le matériel et ce serait bien cinq bonnes minutes de cours en moins !
Mais il faut croire que le temps agit aussi sur les professeurs. Au lieu de nous faire faire calmement des recherches, monsieur Roc prit l'incident très à cœur et somma celui qui avait caché le matériel de se dénoncer et de rendre immédiatement le compas, l'équerre, la règle, etc.
Nous ne nous attendions pas à sa colère froide. Même Vasseur restait pétrifié. Comment sortir de cet imbroglio ? La menace d'une colle se précisait.
Je me levai, me dirigeai vers le sommet de l'armoire, puis j'allai poser l'ensemble sur le bureau en disant d'une voix forte : « Je vous prie de bien vouloir m'excuser, c'est moi qui avais caché le matériel. »

Monsieur Roc n'en crut pas un mot. Il me regarda avec une certaine admiration, puis se tourna vers la classe avec gravité : « Messieurs, vous pouvez remercier votre camarade qui vous a évité le pire. Naturellement, non seulement je ne le punirai pas, mais encore j'en profite pour le féliciter et lui dire combien il a gagné parmi vous la place qu'il mérite. »
Je retournai m'asseoir. Ma vie était changée. Je reçus des petits mots de félicitations et de remerciements... que j'ai toujours gardés.

3e idée. Nous étions persuadés que nous échapperions à un contrôle. Personne n'avait révisé. Il fallait résumer le livre de Pierre Mac Orlan, *Les Clients du Bon Chien jaune*. Corentin et moi étions les seuls à avoir travaillé. Je me mis à l'œuvre dans mon coin, non sans remarquer que la copie de mon voisin circulait allégrement dans tous les rangs.
Or, Corentin n'avait pas tout compris. Il situa le récit à Quimper en 1928... et toute la classe fit de même.
Quand mademoiselle Bonnot rendit les devoirs, elle voulut savoir qui avait inspiré l'ensemble des copies. Elle me le demanda nommément. Je lui répondis que je n'en avais aucune idée, mais que peut-être les deux erreurs venaient d'un travail préparatoire commun... Elle me pria sèchement de ne pas jouer les avocats et, devant le mutisme général, changea de sujet.
Corentin est depuis ce jour mon meilleur ami... et les autres sont devenus d'excellents camarades.

Révision 1

Une complainte est une plainte, une lamentation, c'est également une chanson populaire interprétée d'un ton plaintif et triste.

Un sourire amical, chaleureux, complice.

Ignare, inculte.

Baie : échancrure d'une côte ; ouverture pratiquée dans un mur ; petit fruit sauvage en forme de boule.

Un dandy.

Erreur de vocabulaire : un vernissage ne saurait être permanent puisqu'il désigne le jour de l'ouverture d'une exposition de peinture. Il fallait écrire : Mouret organisait de nombreux/fréquents vernissages.

Le verbe « ressentir » est mal employé ici. On lui préférera : « se rendre compte ; souffrir de ce que ».

Erreur dans l'emploi du temps verbal : « jusqu'au jour où il s'aperçut ». L'action est courte, brève et marque le début d'une ère nouvelle. Il faut utiliser le passé simple.

Erreur sur la préposition. Écrire : ... avec lesquels il s'était lié.

Phrase lourde, à tiroirs, avec trop de pronoms relatifs. Écrire : L'écolier avait peur de ses camarades de classe ; ils se moquaient de lui et ils étaient méchants. Aussi tomba-t-il malade.

Vrai ; il s'agit de l'accent du Sud-Ouest.

L'Ami retrouvé, roman de Fred Uhlman ; *Les Copains d'abord*, titre d'une chanson de Georges Brassens.

Les clientes seront heureuses dans ce magasin : elles ressentiront une grande satisfaction en faisant leurs achats. Les clientes y verront tout ce qu'elles peuvent souhaiter acheter : elles y trouveront leur bonheur.

À Paris.

Thérèse Raquin (1867).

Gustave Flaubert.

Paul et Virginie. Ils portent les prénoms des deux héros du roman de Bernardin de

Saint-Pierre dont le titre est précisément *Paul et Virginie* (1788).

18 *Un sac de billes.*

19 Lors de la Seconde Guerre mondiale.

20 En Normandie.

6 L'image de soi

Compréhension du texte

1 a. Mon frère est très susceptible. Il se vexe très facilement

b. Il prit un ton doctoral pour faire un parallèle entre les œuvres de jeunesse de Mozart et celles de Wagner.

c. Elle a passé toute sa vie à exécrer la vulgarité.

d. C'est une faute si impardonnable que le coupable ne pourra jamais l'expier.

a. Le seul aspect (la seule vue) du narrateur refroidissait profondément les gens, les intimidait, les inhibait, les paralysait, les décourageait.

b. La jeunesse du narrateur ne fut qu'une longue autodestruction, une descente vers une sorte de mort de soi-même et de mort aux autres.

a. « Faire le fou » : être énervé, excité, exubérant, s'amuser follement.

b. C'est une expression réservée à certains comportements enfantins exubérants, mais sympathiques et joyeux.

M'agréger : m'associer, m'incorporer ; rater : louper, échouer.

Il s'agit de souvenirs, de confidences autobiographiques, d'une auto-analyse, d'une autocritique sans complaisance. Il s'agit également d'un portrait assez complet.

Le ton de cet extrait se veut objectif, descriptif, explicatif, extérieur au personnage. Les lecteurs sentent la froideur, la lucidité avec laquelle le narrateur se peint, ce qui renforce l'objectivité de cet autoportrait. Le lecteur peut être conquis ou ému par cette personnalité, elle peut lui être antipathique mais il ne demeure en aucun cas indifférent au personnage.

Le narrateur ressent un malaise, un mal-être, un mal de vivre.

J'ai une image de moi qui varie en fonction des jours. Mais dans l'ensemble, je pense que je suis plutôt gentille, plutôt gaie et bonne camarade. Je me trouve cependant un peu distraite, un peu désordonnée et parfois agaçante, surtout avec mes frères. Je pense que si je rangeais mieux ma chambre, si je répondais moins à ma mère et si je travaillais plus en biologie, j'aurais une meilleure image de moi.

Introspection sans complaisance. Moi, héros pitoyable.

Thème principal : l'auto-analyse.

Autres thèmes : le mal de vivre, l'adolescence, le regard des autres, l'échec, la souffrance, la haine, les relations mère/enfant.

Le narrateur se juge d'une manière lucide, dure, froide, sans complaisance, profonde, pessimiste.

Le sujet du brevet

Principaux traits de caractère : profonde tristesse, absence de spontanéité, maladresse, difficultés relationnelles intenses.

Dans cet extrait sont décrites les relations du narrateur avec les gens en général et la relation avec sa mère. Un seul aspect sera à retenir pour composer le devoir demandé.

3 L'épisode que vous composerez devra se situer à l'époque à laquelle se déroule l'extrait, dans les années 1930, comme vous pouvez le deviner d'après ce que vous savez : date de publication de l'ouvrage (1933) ; dates de l'auteur (1885-1970).

4 Contraintes techniques à respecter : emploi du « je », de l'imparfait et du passé simple ; ton sincère du journal intime, qui ne cache rien.

5 La cruauté du jeune homme à l'égard de sa mère est profonde, permanente et tout à fait injustifiée. Vous pouvez imaginer d'autres tortures possibles. Par exemple :
– il cherche à s'éloigner géographiquement de sa mère ;
– il fréquente intentionnellement des jeunes gens qui lui déplaisent.

Sa méchanceté, sa cruauté consciente et organisée à l'égard de sa mère, son cynisme, sa dureté.

La rencontre

Compréhension du texte

a. Le mot « ténèbres » s'emploie toujours au pluriel.

b. Les obsèques. Les circonstances, même si, de nos jours, on a tendance à accepter le singulier.

a. Béat : béatement, béatitude, béatification.

b. Cheval : chevalin, chevalier, chevaleresque, chevalerie.

c. Lumière : lumineux, luminosité, luminaire, lumineusement.

d. Son : sonore, sonothèque, sonomètre, sonar, sonorisation, sonorité.

a. Champ sémantique de « frais » : légèrement froid, sans chaleur ni cordialité, nouvellement produit ou fourni, qui n'a subi aucune préparation ou aucune conservation, plein d'éclat, de vitalité, de jeunesse, reposé.

b. Cette pièce, qui est très fraîche en été, est agréable.
Alex nous a réservé un accueil des plus frais : la soirée en a été gâchée.
Ce ne sont pas des nouvelles fraîches : elles ont trois jours.
Il faut consommer des légumes et des fruits frais tous les jours.
Bérénice a un teint frais qui est ravissant.

a. L'aube : le lever du jour, l'aurore, le point du jour.

b. Une chênaie : un lieu planté de chênes.

c. Une métairie : un domaine agricole exploité selon le système du métayage (louage à un preneur).

d. Hâlé : bruni par le soleil.

L'action se déroule à la campagne, sur une colline, dans un vallon, dans une vallée, dans le jardin d'une métairie, dans la cuisine de cette métairie.

Le personnage principal du texte se prénomme Angélo. Il a dormi à la belle étoile, il voyage à cheval, il est affamé et assoiffé de quelque chose de chaud ; il est poli, avisé, observateur, bon vivant.

Un jeune homme qui voyage et vient de dormir à la belle étoile fait la connaissance d'une fermière ; elle lui offre une tasse de café.

Angélo est très sympathique : jeune, dynamique, poli, bien élevé, il est un héros dans tous les sens du terme. Il le manifestera d'ailleurs tout au long du roman, par sa profonde générosité.
Hospitalière, accueillante, simple et douce, la fermière peut également attirer la sympathie du lecteur.

9 Vive le café ! Angélo et la fermière.

10 *Thème principal :* l'événement majeur est la rencontre entre Angélo et la fermière ; la rencontre de deux inconnus.

11 Cette entrevue se déroule de manière calme, pondérée, satisfaisante pour les deux parties. Le jeune homme se fait vite aux usages de la fermière (l. 18-19).
1. Premiers regards ; 2. Angélo formule sa demande concernant le café ; 3. Angélo et la fermière entrent dans la cuisine de la métairie ; 4. La fermière offre du café à Angélo.

Trois autres thèmes de l'extrait : la vie à la campagne, les relations humaines, la joie de vivre.

Angélo a probablement vexé la fermière en lui proposant de lui payer le café qu'il lui demande. Sa proposition est contraire aux lois de l'hospitalité paysanne.

Le sujet du brevet

L'action se déroule à la campagne, en Provence.

L'action se déroule en été.

Angélo, qui a chaud, voudrait se désaltérer ; il cherche donc une habitation ; la fermière est précisément en train d'étendre son linge.

Grands traits de caractère : Angélo est vif, poli, agréable ; la fermière est aimable, hospitalière ; le vieillard est inexistant, fait partie du décor.

C'est une narration alerte, rondement menée. Le ton est vif et enjoué.

L'ambiance est chaleureuse, amicale, paisible, saine et sereine.

Les inconnus

Compréhension du texte

a. Dans le texte, il s'agit de chariots à bagages.

b. Char, charrette, charrier, charroi, charrue, charron.
Dans cette famille, chariot n'a qu'un « r » : c'est une exception orthographique.

a. Peut-être s'était-il endormi légèrement.

b. Malgré la pluie.

a. Anne menait une existence monotone dans un village isolé et rien ne venait la distraire de son ennui.

b. Elle a fourni des efforts réguliers, elle a fait des progrès considérables.

c. Se tenir informé de l'actualité internationale est un devoir pour tous.

d. Le commun des mortels ne peut être qu'émerveillé en pénétrant dans l'atelier du maître.

Champ lexical du train et du chemin de fer : gares, chariots, compartiments, train, suie.

a. Maigret, qui a somnolé, a perdu la conscience du temps et du lieu, ne sait plus très bien où il est, ce qu'il fait et où il va.

b. Autrefois, les gens, et notamment les gens élégants, n'ôtaient jamais leurs gants, quelle que soit la saison, de crainte de se salir. Cette attitude a fini par désigner des gens un peu précieux, un peu snobs, qui conservaient leurs gants, davantage par habitude que par réelle nécessité.

a. Cet extrait comporte deux parties.

b. – l. 1 à 12 : Maigret voyage en train.
– l. 13 à 25 : Maigret voyage en imagination.

Au cours d'un voyage nocturne en train, Maigret observe un voyageur et plonge dans ses souvenirs.

8 Activités mentales de Maigret : rêverie, observation, plongée en lui-même, analyse, critique, monologue intérieur.

Thème principal : l'analyse du réel.
Thèmes secondaires : le souvenir, la rêverie, l'observation des autres.

On peut ne pas se préoccuper des détails de son apparence en vieillissant, en pensant que l'on n'est plus en âge d'être regardé par les autres, de leur plaire, de les séduire.
En réalité, l'opinion contraire paraît plus défendable : plus on vieillit et plus on se doit de se préoccuper des détails de son apparence :
– pour avoir de soi-même une bonne image, tonique et dynamisante ;
– pour compenser les désagréments que l'âge apporte au physique : embonpoint, rides, etc.
C'est un devoir envers soi-même et envers les autres que de soigner son apparence extérieure quand on prend de l'âge.

On peut se distinguer du « commun des mortels » :
– en étant particulièrement bon, généreux, altruiste ;
– en développant des dons particuliers : piano, escalade, etc. ;
– en devenant une célébrité dans un domaine quelconque : politique, chanson, littérature, sport, etc.

Le sujet du brevet

La part accordée sera minime. Il s'agit de répondre personnellement à la question posée.

C'est une possibilité si vous êtes vraiment à court d'imagination, mais c'est néanmoins un peu dangereux : vous risquez de vous égarer et de perdre le sujet de vue.

Le personnage mis en scène doit posséder une qualité, une épaisseur, un certain mystère, un charme, un attrait qui le différencient de la masse.

La consommation

Compréhension du texte

a. Il s'agit de bandes de tissu, de rubans servant d'insigne à une décoration, par exemple la Légion d'honneur.

b. Ce type d'insigne honorifique peut susciter l'admiration de ceux qui le voient sur une veste.

Bien que ce personnage soit décoré et par certains aspects peut-être remarquable, les deux détails vestimentaires montrent l'ancienneté, l'usure, la pauvreté des vêtements. Il y a là un contraste surprenant et troublant.

a. Une maison qui n'exige pas de paiement immédiat vend à crédit.

b. Un paiement comptant est le contraire d'un paiement à crédit.

a. Pratique : pleine de bon sens, pragmatique, d'une intelligence concrète.

b. Commode, fonctionnel : ce sac est très pratique, car toutes mes affaires peuvent y prendre place.

Les protagonistes sont : Daniel Donelle, l'époux qui rentre de son travail ; Martine, son épouse, qui se laisse convaincre par un représentant ; le représentant de meubles vendus à crédit.

Le « monsieur » veut vendre le mobilier de son catalogue. Il touche probablement une commission sur ce qu'il vend. Il veut donc gagner de l'argent dont il doit avoir besoin si l'on en juge par sa tenue vestimentaire.

Martine est prête à se laisser convaincre et à acheter « l'ensemble-studio ».

Daniel est beaucoup plus réservé que son épouse. Il ne manifeste aucun enthousiasme et ironise même avec une pointe de méchanceté (l. 28-29), montrant ainsi que le « piège » de la vente à crédit ne lui a pas échappé.

Il est moins influençable que Martine. Il lutte contre la société de consommation.

Une société de consommation est un type de société dans laquelle le système économique pousse à consommer et suscite des besoins dans des secteurs qui lui sont profitables.
L'opposé est la société de pénurie, dans laquelle le nécessaire pour vivre manque à la plupart des citoyens.

Martine est séduite. Avez-vous des livres au mètre ?

Comme Martine, je serais séduit par ce nouvel ensemble :
– j'adore ce qui est neuf, ce qui est nouveau, ce qui change le décor quotidien ;
– j'aime que mes affaires soient bien rangées et cet ensemble est idéal ;
– en plus, en payant à crédit, on ne se rend pas compte de la dépense, elle est légère.
Comme Daniel, je ne me laisserais pas convaincre par le vendeur :
– pourquoi acheter des meubles quand on en a déjà, qu'ils sont en bon état et qu'ils rendent les services que l'on attend d'eux ?
– pourquoi s'endetter inutilement en se laissant aller par caprice et par faiblesse à acheter ce dont on n'a nul réel besoin ?

Le sujet du brevet

La scène à imaginer se situe avant celle relatée par ce texte. Il faut surtout ne pas composer la suite de l'extrait. C'est un contresens qui peut être fait si le sujet a été lu trop rapidement. Il s'explique dans la mesure où la plupart des sujets demandent de relater des suites plutôt que des scènes antérieures.

Un « ensemble-studio » est un ensemble de meubles conçu pour offrir un maximum de possibilités (couchage, rangement, table, etc.) en occupant un minimum d'espace ; il est destiné à être placé dans une pièce de vie unique : le studio.

Avantages : tous les meubles nécessaires à un confort élémentaire sont offerts.

Inconvénients : ce n'est pas vraiment aussi pratique que le vendeur le prétend ; ce n'est pas très esthétique. Il y a également l'inconvénient du prix. Pourquoi faire les frais d'un ensemble-studio alors que le studio est déjà meublé ?

Avantages d'après le vendeur : c'est jeune et moderne, de bonne qualité, étudié pour offrir un maximum de rangement.

Les métiers

Compréhension du texte

a. Une vocation : un appel, une disposition, un goût, une inclination.

b. Un badaud : une personne qui s'attarde à regarder un spectacle dans la rue, un curieux, un flâneur.

c. Esquiver : éviter adroitement, échapper à, éluder.

d. Furtivement : de manière furtive, discrètement, secrètement.

a. Dévoiler.

b. Le cours de sa vie.

c. Choisir.

d. Était curieux.

a. Curieux : intéressé, fouineur ; curiosité, curieusement.

b. Existence : vie ; existentiel, existentialisme, existant.

c. Perplexe : indécis ; perplexité.

d. Exactement : scrupuleusement ; exact, exactitude.

« Bouche bée » : la bouche grande ouverte, généralement sous l'effet de l'étonnement, de la surprise.

Rouletabosse est un petit garçon rond, curieux, bossu. Le jour de ses huit ans, à la faveur d'un accident de la circulation, il voit un journaliste à l'œuvre, ce qui décide de sa vocation.

L'extrait comprend trois parties :
– l. 1 à 3 : présentation de Rouletabosse ;
– l. 4 à 7 : un événement va bouleverser la vie de Rouletabosse ;
– l. 8 à 33 : l'incident et la rencontre du journaliste.

Le jeune homme est journaliste-reporter.

Thème principal : la curiosité.

Thèmes secondaires : le journalisme, la vie de province, l'admiration, la vocation.

Il s'agit d'un petit journalisme ; le reporter s'occupe plutôt de « la rubrique des chiens écrasés », selon l'expression populaire. C'est une image limitée, peu valorisante, modeste.

Vous pouvez admirer le journaliste : il est simple et plutôt sympathique, il fait un travail intéressant qui le conduit à voir beaucoup de monde.
Vous pouvez être plus réservé(e) ; ce journaliste a un indéniable aspect minable, peu soigné, triste. Il fait un travail peu glorieux et qui peut rapidement être assommant. Dans ce cas, les sentiments que vous éprouverez pour lui sont de l'indifférence, un léger mépris.

La curiosité est une tendance qui porte à apprendre, à s'informer, à connaître des choses nouvelles.
C'est une qualité quand elle conduit à consulter le dictionnaire, à regarder des émissions culturelles à la télévision, etc.
C'est un défaut quand elle conduit à être indiscret(ète), à lire en cachette les lettres destinées à quelqu'un d'autre, à écouter derrière les portes les conversations téléphoniques de sa mère, etc.

C'est un appel profond, impérieux pour un métier d'art : littérature, peinture, sculpture, etc.

Le sujet du brevet

Rouletabosse est un petit garçon tout rond, très curieux, bossu ; il a huit ans, il fourre son nez partout et griffonne sans cesse dans un carnet.

On sait peu de choses sur le journaliste mais elles sont suffisantes pour que l'on se fasse une bonne idée du personnage : « C'était un grand garçon maigre, avec des cheveux mal peignés et une longue moustache triste. ... il fourrait son nez partout et griffonnait sans cesse... » (l. 28 à 31). C'est un reporter-photographe discret.

C'est un accident de la circulation qui permet la rencontre entre les deux personnages. On a une idée du type de journalisme exercé : c'est plutôt la chronique locale.

Points communs : la curiosité, l'habitude de fourrer son nez partout, de griffonner sans cesse dans un carnet.

Un style alerte, simple, qui va à l'essentiel, tonique, contemporain.

Révision 2

Quelqu'un de susceptible se vexe facilement, rapidement.

Gai, joyeux, animé, tonique, bavard, enjoué, lumineux, brillant.

L'aurore : le serein.

Un individu normal, commun, qui n'a rien d'extraordinaire, d'exceptionnel.

Perplexe : indécis, qui ne sait que faire, que dire, que penser, hésitant, embarrassé.

C'est une phrase lourde, longue, complexe. Écrire : Il était une fois un petit garçon. Âgé de huit ans, il s'appelait Rouletabosse. Tout le monde savait qu'il était très curieux.

Cette phrase est mal construite, incomplète, elle manque de clarté et d'élégance. Écrire : J'ai pris des résolutions, comme celle d'aller vers les autres, par exemple.

Emploi incorrect du mot « fin » : à l'extrémité du studio/à l'angle du studio, il y avait une étagère.

Erreur de pronom. On dira : La plupart des passagers prirent leur mal en patience...

Erreur de sens. Frugal signifie : qui consiste en aliments simples, peu recherchés, peu abondants. Un repas frugal ne peut donc être raffiné et copieux.

Le Hussard sur le toit.

Le grand reportage, le journalisme politique, sportif, etc.

Un paiement au comptant/cash.

Roses à crédit.

Jules Maigret, fonctionnaire de police, marié, sans enfant, passionné par son métier, fume éternellement sa pipe. Il mène ses enquêtes en observant les suspects et en se laissant imprégner par les ambiances qu'il découvre au cours de ses enquêtes.

Le *Chien jaune*, *La Maison du canal*, *Les Inconnus dans la maison*, etc.

Tout est vrai.

Jean Giono.

François Mauriac.

Illusions perdues est un roman de Balzac. Les trois autres titres sont des romans de Zola.

Le voyage à pied

Compréhension du texte

a. Vous connaissez.

b. Changer.

c. Petits événements.

d. Rêves, rêveries.

Il n'y eut qu'un incident au cours de cette belle journée : Frédéric renversa sa tasse de chocolat sur la nappe blanche.
Un grave accident de la route a fait plusieurs blessés.

Vous pouvez éprouver de la compassion pour un enfant malheureux, un vieillard qui vit seul, un camarade en difficulté profonde, un animal abandonné.

a. C'est le narrateur qui parle.

b. Il s'exprime sur le ton de la confidence familière.

c. Il veut faire partager au lecteur son goût du voyage à pied.

d. Sur un ton badin de confidence familière, le narrateur vante les agréments du voyage à pied afin de faire partager son goût au lecteur.

Quand il se trouve au bord d'une source, le narrateur est sensible à la poésie des lieux. Il se ressource dans « la beauté du paysage ». Le spectacle de la nature symbolise pour lui une grande joie de vivre ; il se sent « reposé, serein, heureux » (l. 12). Il éprouve alors une grande compassion pour les voyageurs de la chaise de poste.

Je n'aime pas les eaux dormantes :
– parce qu'elles sont trompeuses ; elles paraissent calmes mais recèlent toute une vie invisible et mystérieuse ;
– parce qu'elles sont glauques et sombres ;
– parce qu'elles sentent la pourriture et la mort.

J'aime les eaux courantes :
– parce qu'elles sont pleines de bruit, de mouvement et de lumière, de vie ;
– parce qu'elles se prêtent à merveille à toutes sortes de jeux : construire des barrages, se baigner, pêcher, etc.

Thèmes et idées du texte : l'amour du voyage à pied ; le voyage doit être une promenade ; la liberté du voyage ; la disponibilité en voyage ; le voyage suscite et nourrit la rêverie, la vie intérieure ; la nature ressource l'homme ; les moyens de transport modernes ôtent nombre des plaisirs du voyage ; le voyage est source d'aventures.

Le sujet du brevet

Il s'agit d'un voyage à pied.

Le rapport entre le sujet et le texte est très ténu. Le thème ne sera pas forcément le voyage, mais surtout l'imprévu.

L'imprévu désigne ici tout ce qui arrive par surprise, de manière inattendue.

Plan suggéré : affirmation du choix ; raisons de ce choix.

Aventure : ce qui arrive d'imprévu, de surprenant.
Imprévu : qui arrive lorsqu'on ne s'y attend pas.

– Un voyage en avion, destination l'Islande. L'avion fait escale dans un aéroport anglais durant quatre heures, sans que soit donnée aucune explication. J'étais avec des amis. Peur, agacement, fatigue, puis soulagement lorsque le départ est annoncé.
– Une invitation chez une amie. Je pensais être la seule invitée. Nous étions quarante. Surprise, amusement, bonne humeur.

Pour se jauger soi-même : **a**, **d**, **f** ; pour s'ouvrir sur les autres et sur le monde : **b**, **c**, **e**.

Ordre des parties : **b**, **c**, **a**.

La passion

Compréhension du texte

a. Géologie : géo + logie ; étude de la Terre.
b. Géographie, géométrie, géophysique, géopolitique ; radiologie, scientologie, ethnologie, analogie.

a. L'alpiniste titubait de fatigue au terme d'une course épuisante.
b. Je suis fasciné par l'œuvre de ce philosophe.
c. C'est avec enthousiasme que les enfants accueillirent leurs cousins.

Les deux hommes discutèrent, se consultèrent sur les moyens de l'obtenir, sur la façon de procéder pour l'avoir.

a. Champ sémantique de la mer.
b. Champ sémantique des sciences et plus précisément de la paléontologie dans cet extrait (étude des êtres vivants ayant peuplé la Terre, fondée sur l'étude des fossiles).

Ces deux indications de temps montrent la passion des deux hommes qui effectuent leurs recherches jusqu'à une heure avancée de la nuit pour les reprendre de bonne heure le lendemain matin.

L'ambiance du texte est curieuse, étrange, malsaine, angoissante. Les deux hommes sont épuisés, la nature est inhospitalière, hostile.

Le texte se clôt sur l'apparition du douanier. L'effet de nature hostile s'en trouve renforcé.

Bouvard et Pécuchet, passionnés de géologie, exploitent maladroitement une falaise au sein d'une nature hostile et inhospitalière, mais avec enthousiasme.

Thème principal de l'extrait : la passion (pour les fossiles).

Oui, j'aime tout ce qui a trait à la Terre, à la nature, j'aime chercher des fossiles, des belles pierres.
Non, tout ce qui touche à la Terre me paraît compliqué, difficile, abstrait, étranger. Je préfère l'histoire, qui est plus vivante et qui parle des hommes.

Le sujet du brevet

Le rapport entre le sujet et le texte est très ténu. Le thème est la passion, en général.

La passion est une vive inclination pour le jeu, la philatélie, le sport, les antiquités, etc. Dans le texte de Flaubert, la passion des deux hommes est si intense qu'elle comporte aussi souffrance et fatigue.

Une notion négative : dans la mesure où il faut assigner des limites à la passion, c'est qu'il y a risque de danger.

Passions pour la campagne, le vélo, la bibliophilie, l'art islandais, un chanteur, etc.

a / 3 ; b / 2 ; c / 3.

Phrase de transition entre le point 2 et le point 3.

L'ennui

Compréhension du texte

a. Très en colère contre sa sœur, Grégoire ne cessa de maugréer toute la soirée.

b. Cette pierre translucide est merveilleusement belle.

c. Bérénice grelottait de froid et elle a attrapé la fièvre.

a. Des robes découvertes, en tissu fin, légères et transparentes, qui ne tiennent pas chaud.

b. Des vêtements tellement légers qu'ils ressemblent à des buées : ils sont très vaporeux.

Il y avait peu de personnes au bord de la mer, où il faisait tellement froid et mauvais que c'en était catastrophique.

Le contraire d'une humeur ironique est ici la bonne humeur qui permet d'accepter les réalités avec le sourire et sans être maussade.

a. Deux jeunes Parisiennes, Pomme et Marylène.

b. Elles sont amies.

c. Elles se trouvent au bord de la mer.

d. Elles sont venues en vacances.

e. Elles déballent leur valise, vont se promener au bord de la mer, parcourent deux ou trois fois l'avenue de la Mer, achètent des cartes postales, vont boire un chocolat chaud.

f. Il pleut et il fait froid.

g. Ce n'est pas le temps qu'espéraient les jeunes filles pour leurs vacances d'été.

h. Elles sont déçues, déprimées.

Deux jeunes amies parisiennes, Marylène et Pomme, sont venues en vacances au bord de la mer. Après avoir déballé leur valise, elles profitent d'une éclaircie pour aller au bord de la mer, puis parcourent l'avenue de la Mer, achètent des cartes postales et, pour échapper au froid et à l'ennui, se réfugient dans un thé dansant devant un chocolat chaud.

Il pleut, la mer est à marée basse, les gens sont rares et emmitouflés, les parasols sont repliés ou renversés par le vent ; il y a des nuages, il fait froid. C'est un décor triste, maussade, déprimant, à l'opposé de celui qu'espéraient les jeunes filles pour leur séjour d'été dans une station balnéaire.

Oui : j'aime le froid, la pluie et l'ambiance mélancolique des villes d'eau. J'aime l'impression de vide et d'ennui.
Non : quand je vais en vacances, c'est pour être au soleil, nager, voir beaucoup de monde et parler avec des inconnus libres et joyeux qui n'ont qu'une préoccupation, profiter du soleil.

Principaux thèmes : les vacances, l'ennui, l'influence du temps et du climat sur le moral, l'optimisme (l. 9-10), la curiosité, l'adaptation aux conditions dans lesquelles on se trouve placé, la déception, la tristesse, la mélancolie.

Thème secondaire : la mélancolie des stations balnéaires les jours de mauvais temps.

Mots : dormir, tranquillité, amis, piscine, hamac, lire.
Pour moi, les vacances, c'est dormir tout mon soûl, sans réveil brutal. C'est déjeuner en toute tranquillité sans être obsédé par l'heure qui tourne. C'est voir mes amis et, au bord de la piscine, bavarder longuement avec eux, de tout, et surtout pas du collège. J'aime aussi m'installer dans mon hamac et prendre le temps de lire un bon roman policier.

Le sujet du brevet

L'ennui désigne ici une impression de vide, de lassitude, causée par la déception et le désœuvrement, la mélancolie.

Vacances : sens d'arrêt de travail, de congé, de repos.

Vacance : c'est l'état d'une charge, d'un poste vacant, le vide, l'absence.

Les vacances sont généralement agréables et attendues avec impatience. Elles s'opposent au travail, au quotidien, aux contraintes, au stress, aux obligations, à la fatigue. Repos, voyage, découvertes, liberté, croisière...

Un « argument » est un raisonnement. Il sert à prouver ou à réfuter une idée. Il se présente le plus souvent sous forme d'une démonstration, où l'on fournit des preuves.

Ces idées, justes et défendables, n'ont rien à voir avec le sujet que l'on vous demande de traiter. Elles sont hors du sujet, même si elles ont un rapport avec le thème proposé. Elles sont à bannir absolument des copies pour recentrer le débat sur le vrai problème : l'ennui en vacances.

Les animaux

Compréhension du texte

a. La tâche : travail déterminé que l'on doit exécuter.

b. Une masse : quantité relativement grande de substance quelconque.

c. La mélancolie : état de profonde tristesse et de pessimisme généralisé.

a. Il y a dix ans que le cheval vit au fond de la mine.

b. Le volume de son œil a augmenté sous l'effet de la peur violente qu'il éprouve.

a. La peur.

b. Le bruit.

c. Les sentiments (heureux).

Ce sont des termes abstraits ; ils désignent des sentiments, des états d'âme.

Nous sommes au XIXe siècle, dans le nord de la France. Le père Mouque et des ouvriers descendent Trompette, un cheval, dans une mine de charbon.

Trompette va être chargé d'aider un autre cheval, le vieux Bataille, qui est usé par dix années de travail au fond de la mine.

Les mineurs plaisantent, ils se moquent de la curiosité de Bataille. Cette attitude peut sembler puérile, de mauvais goût, dure, cruelle.

a. Bataille est heureux de retrouver un compagnon, messager de la terre. Il est ému, mélancolique.

b. Trompette est terrorisé.

Il s'agit d'animaux domestiques employés à des tâches pour aider les hommes. Cette catégorie s'oppose à celle des animaux sauvages qui vivent en liberté.

a. Il s'agit d'un destin pénible, cruel, consacré au labeur dans des conditions particulièrement difficiles et dans une totale et définitive privation de liberté.

b. On peut penser à la viande de boucherie. Les poulets, par exemple, sont élevés en batterie, les agneaux de lait passent leur existence dans une cage minuscule pour que leur viande soit plus tendre.

Thèmes : la condition animale, l'emprisonnement, la liberté, la peur.

Le sujet du brevet

L'adjectif « diverses » signifie variées, différentes les unes des autres.

Attitudes des humains : attachement excessif aux animaux (psychanalyses pour animaux familiers) ; attachement modéré et intelligent pour un animal compagnon (un enfant et son petit chat) ; indifférence plus ou moins grande, haine (avec cruauté éventuelle, abandon au moment des vacances).

Il s'agit de traiter deux points : les diverses attitudes face à l'animal ; les réflexions que suggèrent ces diverses attitudes.

Le voyage

Compréhension du texte

Champs sémantiques :

a. Argent : métal ; couleur ; monnaie.

b. Retraite : éloignement ; pour les soldats, action ou obligation de regagner leur casernement ; abandon délibéré et méthodique du champ de bataille ; action de se retirer de la vie active ou mondaine, ou d'une fonction.

c. Caractère : marque, signe distinctif ; signe gravé ou écrit, élément d'une écriture ; trait propre à une personne ou à une chose et qui permet de la distinguer ; personnalité ; originalité ; courage.

a. Les voleurs prirent la fuite sitôt leur forfait accompli, mais heureusement les policiers les arrêtèrent.

b. L'enfant, qui était malheureux en pension, fit une fugue pour aller rejoindre sa famille.

a. Un endroit isolé du monde dans lequel le temps passerait lentement.

b. Une nature très agréable dont nous n'avions pas du tout l'habitude.

c. Mes enfants en étaient saisis, impressionnés.

a. Une retraite silencieuse, isolée, serait pour moi une cabane située au cœur du Canada, près d'un lac et au milieu des forêts. Il n'y aurait que le bruit du vent, le chant des oiseaux, aucune des rumeurs de la ville et bien entendu aucune télévision, aucune radio, pas même un appareil qui me permettrait d'écouter mes chanteurs préférés.

b. Une île enchantée, ce pourrait être un simple îlot perdu au cœur du Pacifique avec un sable blanc et fin, une multitude de coquillages colorés, une eau turquoise et limpide. Cette île serait calme mais la vie sociale y existerait cependant, et le soir, je retrouverais mes amis pour boire un jus de mangue à la terrasse de l'unique petit café.

c. Une douce flânerie, c'est errer dans une ville inconnue, sans jamais se soucier de l'heure, aller de monument en monument, de vitrine en vitrine. C'est aussi s'attabler aux terrasses pour lire les journaux et regarder passer des inconnus dont on a tout le loisir d'imaginer la vie.

La narratrice souhaite abandonner les contraintes : écrire des billets (de courtes lettres) ; lire les journaux ; recevoir des visites ; s'habiller (pour sortir ou pour recevoir). Elle veut fuir l'agitation ; quitter les affaires, les habitudes, les connaissances, les amis, les soucis, les tracasseries, les obligations.

a. Les aspirations de la narratrice : une retraite silencieuse, isolée, loin de toute vie mondaine, agitée, professionnelle, avec ses soucis et ses obligations.

b. Ce que la narratrice découvre en réalité : la chaleur ; les plaisirs de la promenade et de la flânerie ; un climat délicieux ; une nature charmante ; un paysage méditerranéen d'une profonde originalité.

Les enfants de la narratrice sont enthousiastes, émerveillés et collectionnent tout, y compris les cailloux.

Le « voyage » au sens moderne du terme : le fait de se rendre d'un lieu dans un autre ; le « voyage » au sens plus ancien du terme : le fait de séjourner dans un endroit qui n'est pas celui dans lequel on réside habituellement.

En quittant la France, la narratrice abandonne principalement trois types d'obligations : sociales et mondaines, affectives, professionnelles.

Ce que la narratrice découvre à Majorque : la beauté ; la liberté ; la flânerie ; la douceur de vivre ; les plaisirs de l'exotisme.

Thème principal : les bonheurs du dépaysement.

Le sujet du brevet

Le point de départ du sujet est le loisir.

Loisir : vacances, possibilité d'organiser son temps librement.
Fuite : évasion, échappée, escapade, dérobade.
Voyage : séjour dans un lieu qui n'est pas celui où l'on réside habituellement.

« Voyage » signifie ici principalement séjourner dans un pays étranger et pas seulement se déplacer, accomplir un trajet.

Les deux conditions nécessaires pour voyager sont le loisir et l'argent.

De nos jours, le loisir est certes nécessaire, loisir entendu au sens de temps libre, de vacances. Mais l'argent, s'il continue naturellement à être nécessaire, a pris une importance moindre dans la mesure où se sont développés des modes de tourisme différents : voyages par charter, auberges de jeunesse, astuces de « routard », etc.

Le plan élaboré est chronologique et logique :

a. constatation qui reprend la teneur du sujet et la replace en perspective ;

b. constatation qui actualise la problématique ;

c. formulation précise du sujet et annonce claire du plan du développement.

L'ordre logique est b, a, c :

b. reprise des idées principales du développement ;

a. idée d'élargissement qui est aussi une conséquence du point b ;

c. second élargissement apportant une restriction au point a et ouvrant la problématique.

Révision 3

La géologie est la science qui a pour objet la connaissance de la Terre et spécialement de sa surface (*géo* : la Terre ; *logos* : science).

Diaphane : qui laisse passer à travers soi les rayons lumineux sans laisser distinguer la forme des objets, à la différence de ce qui est transparent.

Retraite : action de se retirer ; action ou obligation pour les troupes de regagner leur casernement ; action de se retirer de la vie active ou mondaine ; état d'une personne qui s'est retirée d'une fonction : lieu où l'on se retire, asile.

Un apothicaire désignait un pharmacien. Le mot « apothicaire » date de 1260 et n'est plus employé de nos jours. Il a été remplacé par le mot « pharmacien » qui, lui, date de 1620.

Cette expression signifie : je le ferai, entendu. C'est une expression familière, triviale.

Erreur sur les pronoms : une même phrase ne saurait voir coexister « on » et « nous ». On préférera l'emploi de « nous » dans les deux cas.

Répétition d'un verbe passe-partout. Écrire : Cet été, on faisait du vélo, on escaladait les cols, et le soir on allait faire les courses en ville. (« On » gagnera ici également à être remplacé par « nous ».)

Répétition de mot et d'idée : la vie/vital. Écrire : Les vacances sont très importantes dans la vie d'un enfant.

Erreur de vocabulaire : il s'agit en l'occurrence d'une fuite et non d'une fugue.

Erreur de temps verbal. La décision est un acte bref : Il prit la résolution...

La Dentellière.

Faux, il s'agit de Chopin.

Gustave Flaubert.

Aide et assistance aux malades, aux non-voyants, secours en haute montagne, lors des avalanches, saisies de drogue, etc.

Les cinq thèmes sont l'aventure, la passion, l'ennui, le rôle des animaux dans la société, le voyage.

« Un cœur simple ».

Victor Hugo.

L'univers de la mine.

Majorque.

L'intrus est Pascal Lainé, auteur contemporain et non écrivain célèbre du XIXe siècle comme les autres.

Le risque

Compréhension du texte

a. Dynamiques.

b. Personnellement.

c. J'en étais enchanté.

d. Petite fenêtre.

D'après le contexte, il ne peut s'agir que d'un arbre. C'est en effet un noisetier d'une variété améliorée, à gros fruits allongés : les avelines.

a. Un défi est une déclaration provocatrice par laquelle on signifie à quelqu'un qu'on le tient pour incapable de faire une chose.

b. « Défier » signifie mettre quelqu'un au défi de quelque chose. « Contre-défier » signifie ici lancer à nouveau un défi à quelqu'un, le relancer.

a. Champ lexical de la joie : emballés, heureux, transporté, avoir des ailes, triomphant, plaisir.

b. Champ lexical de la douleur : souffrais, geindre, douloureux.

Les deux parties de l'extrait sont :
– l. 1 à 17 : les jeux et le défi ;
– l. 18 à 34 : la chute et ses conséquences.

C'est l'orgueil qui incite le narrateur à accomplir son geste : il a le désir de relever le défi qui lui a été lancé. Il est conscient des motivations qui l'animent et lucide : « l'imbécile de service » (l. 7), « je dis seulement » (l. 15-16).

Sensations et sentiments du narrateur : le bonheur ; la joie de vivre et de jouer ; l'orgueil de triompher ; la maîtrise de soi ; l'étonnement ; le plaisir ; la lucidité ; la douleur.

Le narrateur prend le risque d'une chute qui aurait pu être beaucoup plus grave (paralysie, mort).

On peut comprendre les motivations du narrateur ; piqué dans son amour-propre, il entend ne pas être ridicule, ce qui lui donne toutes les audaces. Cependant, son acte est téméraire, dangereux et aurait pu avoir des conséquences encore plus terribles (fracture du crâne, mort).

Le prix est élevé mais aurait pu l'être encore bien davantage. C'est à vous de répondre avec sincérité ; compte tenu de votre caractère, auriez-vous ou non pris un risque dont les conséquences auraient pu être très graves pour un enjeu au demeurant médiocre : répondre à l'imbécile provocation d'un camarade ?

Le sujet du brevet

Le risque est un danger éventuel plus ou moins prévisible.

Il y a de bons risques, ceux qui sont bien calculés en vue d'obtenir un avantage, et les mauvais risques pour lesquels les avantages sont infimes par rapport aux périls encourus.

La prudence est conseillée parce qu'elle permet d'éviter de nombreux accidents qui peuvent être mortels.

Le point c peut être supprimé ou résumé et directement suivi du point d.

Le succès scolaire

Compréhension du texte

a. Taciturne : bavard, exubérant.
b. Isolé : entouré, animé.
c. Le succès : l'échec, l'insuccès.
d. Banal : extraordinaire, hors du commun.

a. Un collégien fort en thème est un élève qui obtient d'excellents résultats scolaires, notamment en thème latin.

b. Au lieu de jouer ou de bavarder, de se distraire, l'enfant consacre ses récréations à réviser ses leçons dans sa tête.

La gloire scolaire désigne dans le texte la célébrité, le prestige que l'élève retire de ses bonnes notes aux devoirs et aux compositions.

Il s'agit d'une énumération qui insiste sur le nombre important et la diversité des matières dans lesquelles excelle l'élève. Elle renforce son mérite et sa gloire.

Les différents sens de l'adjectif « terne » sont : qui manque de brillant, sans éclat ; blafard, blême ; qui n'attire ni ne retient l'intérêt ; morne.
– Cette pauvre fille a toujours des vêtements de couleur terne.
– Élise a le teint terne et maladif.
– Sa conversation est tellement terne que tout le monde la fuit.
– Le roman décrit la terne existence des provinciaux isolés dans la solitude des petites villes.

Qualités : excellent élève, studieux, courageux, volontaire, tenace, ambitieux, travailleur.
Défauts : taciturne, timide, hypocrite, renfermé, terne, maladroit, détaché du monde et du réel.
En réalité, Joanny Léniot a davantage de défauts que de qualités ; reste qu'il force l'admiration de tous par ses résultats et que, pitoyable dans sa profonde solitude, il en devient presque sympathique.

Joanny Léniot est complètement isolé et solitaire. Il vit à côté de ses camarades et non parmi eux, avec eux. Ceux-ci ne l'aiment pas mais estiment ses succès scolaires. Ils le considèrent comme un élève à part, différent d'eux.

Le travail est la seule raison de vivre de Joanny Léniot qui y trouve une échappatoire à sa solitude et un remède à son malaise existentiel.

Thèmes du texte : la vie scolaire, l'influence de la personnalité sur le comportement scolaire, la solitude, l'application, le zèle, les méthodes de travail, le regard des autres, la gloire, la popularité, l'impopularité, la volonté, le travail considéré comme drogue, le sport, la solidarité, l'exclusion volontaire, l'ambition, la réalité.

Joanny Léniot parvient au succès au prix d'un effort constant, méthodique et acharné.

La gloire scolaire est un état de fait qui peut exister sans être recherché de manière délibérée. La manie de gloire scolaire a un autre sens : le mot « manie » introduit une idée de recherche pathologique, maladive, obsessionnelle.

Le sujet du brevet

La gloire scolaire.

Le travail désigne l'ensemble des activités humaines coordonnées en vue d'obtenir quelque chose. Le travail s'oppose au repos, au loisir, aux vacances.

Au travail intellectuel.

La perspective doit être élargie. Le sujet précise en effet « le travail dans la vie ».

b et c s'inscriront dans une seule partie du devoir, la 1.

a s'inscrira dans la partie 2.

Attention ! Ces remarques sont pertinentes et liées au thème mais ne font pas partie du sujet que l'on vous demande de traiter : elles sont hors du sujet et à évacuer absolument de votre devoir.

La vérité

Compréhension du texte

a. C'est une ville sinistre dans laquelle personne ne voudrait habiter pour tout l'or du monde.

b. Après une tentative malheureuse, le champion a gagné et a obtenu la médaille d'or.

c. Une nouvelle brutale tombe sur les téléscripteurs : la ville est en feu.

d. J'ai été rassuré d'apprendre que vous avez fait bon voyage.

« Coup monté » et « guet-apens » désignent tous deux des machinations entreprises dans le but de nuire à quelqu'un, par surprise et de manière perfide, déloyale.

b. Le second terme est plus élégant que le premier, qui est plus familier.

Le mot « agression » dans le texte désigne en réalité une opération chirurgicale. De l'agression, l'acte a la brutalité, la soudaineté et la violence. Mais ce n'est une agression que par la perception qu'en a le narrateur, puisque cet acte est entrepris dans son intérêt. L'agression réside davantage dans le fait que l'enfant a été mal préparé à cette opération.

a. Agression : agresseur, agressivité, agressivement.

b. Manière : maniéré, maniérisme, maniériste.

c. Juste : justement, justice, injustice, injustement, justicier.

d. Vain : vanité, vainement, vaniteux.

La végétation : la vie et la croissance des végétaux ; l'ensemble des végétaux.
Les végétations : tissu lymphoïde constituant l'amygdale pharyngienne, souvent hypertrophié chez l'enfant.

Un ogre est un géant effrayant qui se nourrit de chair humaine. C'est un personnage de contes pour enfants appartenant à la littérature merveilleuse.

Un enfant est opéré des végétations de manière brutale. À la douleur physique s'ajoute la douleur morale d'avoir été piégé, parce qu'on lui a menti, qu'on lui a dissimulé la vérité. Cette expérience constitue l'un des souvenirs les plus pénibles de l'enfance du narrateur.

Le narrateur reproche à ses parents de l'avoir trompé, de lui avoir menti, de ne pas l'avoir mis en face de la situation. Il en est vexé et humilié.

La manière que l'on a de considérer les enfants a évolué depuis quelques années. Au début de notre siècle, l'enfant était souvent considéré comme un être fragile, doué d'une mince faculté de raisonnement et auquel on n'hésitait pas à mentir, à dissimuler la vérité. Cette technique partait d'une bonne intention : protéger l'enfant, le ménager.
De nos jours, les enfants sont de plus en plus considérés comme de jeunes adultes capables d'affronter les réalités, de comprendre ce qui leur arrive et de prendre en charge leur destin. De fait, les parents leur mentent de moins en moins et ont tendance à leur expliquer clairement toutes les situations au lieu de les prendre au piège « pour leur bien ».
À la place du narrateur, j'aurais réagi avec une extrême violence, j'aurais été humilié, en colère, et j'aurais méprisé le monde des adultes d'avoir recours à de tels stratagèmes.

Ils agissent en le considérant comme un être incapable d'accéder au raisonnement. Ils lui mentent au lieu de lui expliquer la réalité des choses.

L'enfant en veut au monde des adultes qui l'a humilié et floué.

Les parents du narrateur croient bien faire en trompant leur fils et en lui évitant une angoisse qui précéderait l'opération. Mais ils ont tort en réalité, parce que s'ils évitent à l'enfant l'angoisse pré-opératoire, ils la remplacent par une violence post-opératoire tout aussi traumatisante et beaucoup plus durable.

Le sujet du brevet

C'est un sujet sérieux, grave.

Il s'agit de la vérité, du mensonge, du respect de l'autre. La situation est vécue dramatiquement : le pardon de cette lourde offense n'est toujours pas venu, bien des années plus tard. À problème et situation graves, ton sérieux et grave.

L'expression « peut-on » désigne aussi la possibilité : matérielle, mais aussi morale, au sens de devoir.

Remplacer « peut-on » par « doit-on ».

Non, il ne faut pas toujours dire la vérité aux enfants de manière à leur permettre de vivre dans l'insouciance et le bonheur ; certaines vérités sont difficiles à admettre pour les enfants qui ne peuvent, faute d'expérience, les comprendre.

Ces idées peuvent s'insérer dans la partie 2.

La solitude

Compréhension du texte

a. Un studio : logement formé d'une seule pièce principale.

b. La marmaille : groupe nombreux de jeunes enfants bruyants (familier et péjoratif).

c. La minutie : application attentive aux menus détails.

a. Un canal en pleine activité.

b. Un quartier lumineux, éblouissant, joyeux.

c. Une campagne luxuriante, verdoyante.

a. Quand il rencontrait cet homme qu'il détestait, il se contentait de le saluer du bout des lèvres.

b. Je serais incapable de passer ma vie dans ce décor de guérite, moi qui suis collectionneur, qui aime le luxe et le confort.

c. Pour ne pas nuire à ses camarades, Martial a décidé de s'imposer le silence.

a. Les éléments du décor : immeuble moderne, coin de banlieue, plaine d'usines et d'habitations ouvrières, un canal désaffecté, herbes folles, remblais, ancien chemin de halage, yachts, collines, ville, terrains vagues, campagne exténuée, blocs de nouvelles constructions.

b. Il s'agit d'un décor composite qui produit une impression de tristesse, de désolation, de misère et de pauvreté.

a. Le studio est un « décor de guérite » (« la geôle d'un prisonnier », « la cellule du moine ») ; l'aménagement est donc réduit au strict nécessaire, avec les objets indispensables à la vie (l. 30-31).

b. Il n'y a pas de décoration ; le studio est triste, sobre, impersonnel, austère, froid.

Le héros de l'histoire. Il se lève à six heures tous les matins, il roule toute la journée, il ne rentre que le soir, il vit seul. Son habitat est modeste, dans un quartier triste, pauvre. Il n'a pas inscrit son prénom sur sa boîte aux lettres. Son nom est Bonaventure. Il vit dans l'indifférence générale, semble fuir les autres et se fuir lui-même. On ne sait ni d'où il vient, ni où il va. Il aime et recherche la solitude, l'anonymat, il est maladivement sauvage. Il aime le soin et l'ordre. A-t-il eu un espoir de gloire ? En tous cas, il est déçu par la vie. Son passé est mystérieux. A-t-il fait une tentative de suicide (l. 33-34) ?

a. La vie sociale est inexistante (l. 24-25) ; les habitants se fuient plus qu'ils ne se rencontrent ou ne se côtoient. Cette absence totale de relations convient à Bonaventure.

b. Cette vie sociale est vide, inexistante, déprimante, peu épanouissante.

Thème principal : la solitude.

Thèmes secondaires : le mal de vivre, le malaise existentiel, la vie dans certaines banlieues, le manque de communication entre les gens.

Le sujet du brevet

Mots clés : solitude, choisissent, subissent.

La solitude désigne la situation d'une personne qui est seule de façon momentanée ou durable.

Le contraire de la solitude est la vie en compagnie, en communauté, avec des amis, en société.

Des gens désespérés mettent fin à leurs jours.

La solitude choisie : les ermites, certains religieux, les navigateurs, etc. La solitude peut être imposée par des circonstances extérieures : solitude affective (veuvage, divorce) ; solitude géographique (isolement) ; solitude liée à des difficultés pour communiquer avec les autres.

En réalité, il existe un certain nombre de cas dans lesquels la solitude est bien vécue, et d'autres dans lesquels elle est mal vécue, comme en attestent les exemples suivants empruntés à la réalité.

À une époque où la société commence à prendre en compte les problèmes de solitude des individus et en mesure la gravité (animations diverses, organisation de rencontres, de loisirs pour personnes seules), il paraît du devoir moral de tout individu responsable de soutenir et d'aider tous ceux et toutes celles qui sont plongés dans les affres de la solitude.

La campagne

Compréhension du texte

a. Vote à main levée : les participants à un vote lèvent la main pour signifier leur assentiment.

b. Le contraire est le vote à bulletin secret qui garantit le secret de chaque votant.

a. Ici, le mot « manège » désigne un lieu où l'on dresse des chevaux, où l'on enseigne l'équitation.

b. *Champ lexical :* celui de la cavalerie, de l'équitation, des sports hippiques.

a. Maman était d'accord.
b. Largement suffisant.
c. Nous nous sommes habitués au grondement.
d. J'étais seule partisane du grenier.
e. De très nombreux rats.

Cette expression désigne l'Oise sur laquelle passent essentiellement des péniches dont le bruit de moteur est une voix sourde et régulière ; sur les péniches flotte le linge qui sèche ; les péniches sont également le symbole du voyage.

Une famille parisienne a pris la décision de quitter Paris pour aller s'installer à la campagne.

Bernadette, férue d'équitation, a une excellente raison de préférer la campagne : la proximité d'un manège.

Claire s'oppose au déménagement : elle ne supporte pas le changement. Elle soutient qu'à part un divorce, rien ne vieillit davantage que de changer d'habitudes. On peut penser exactement le contraire. C'est une raison personnelle et peu convaincante.

Paris, c'est fini. Vers les bords de l'Oise. Émigration familiale.

Il s'agit de décentralisation.

Il s'agit d'exode rural.

Le sujet du brevet

a. Quelles sont les raisons qui peuvent conduire à quitter sa région natale ?
b. Quelles en sont les conséquences familiales ?

La région natale désigne la région dans laquelle on est né. C'est la région où les attaches affectives, culturelles sont *a priori* les plus fortes.

L'exode rural conduit nombre de personnes à quitter leur région natale, leur berceau familial.

L'exode rural désigne le mouvement des populations rurales vers les villes, le dépeuplement des campagnes au profit des villes et des agglomérations urbaines.

a. Quand il n'y a pas d'autres possibilités, il faut se résoudre à quitter sa région natale, ce qui peut parfois poser des problèmes.
b. Mais si certaines conséquences sont négatives, d'autres sont positives et méritent que l'on s'y attarde.

Révision 4

Manège : exercice que l'on fait faire à un cheval pour le dresser ; lieu où l'on dresse les chevaux ; attraction foraine avec des chevaux de bois ; manière intrigante de se comporter.

Un vote à main levée ; vocabulaire de la vie civique.

a. Un studio est un logement formé d'une seule pièce principale.
b. *Champs lexicaux :* habitat, architecture.

a. La marmaille.
b. Môme, mioche, gosse, lardon : termes familiers.
La descendance : terme de langage soutenu.
Bambin, fille, fils, garçon : langage courant.

a. Un fort en thème est un élève studieux, appliqué, qui obtient d'excellents résultats.
b. Un cancre, un mauvais élève, un élève en situation d'échec.
c. Champ lexical : le monde de l'école, de l'évaluation scolaire.

Erreur sur la préposition : il ne faut pas employer « sur » mais « au sujet de, concernant ».

Erreur de temps verbal : il faut un subjonctif après « bien que ». Bien que nous ne nous soyons jamais rencontrés...

Erreur sur le pronom relatif : il faut utiliser « avec lequel ».

Erreur de vocabulaire : il ne faut pas confondre une personne et un personnage (personne extraordinaire ou héros de roman).

On aura tendance à remplacer « concernant » par « sur » : sur le français.

Fermina Márquez de Valery Larbaud.

b, c, d, e, f.

Le narrateur prend le risque de se blesser, voire de se tuer.

Le narrateur est victime de l'ablation des amygdales.

Une extrême solitude caractérise la vie de Bonaventure.

a / 2 ; b / 3 ; c / 1.

Le narrateur reproche à ses parents de ne pas lui avoir dit la vérité, de lui avoir menti en lui racontant une histoire, de l'avoir trompé.

C'est faux. La narratrice et sa famille s'installent au bord de l'Oise, qui ne traverse pas la Normandie.

Celui de la rivière et des péniches.

Le narrateur se blesse ; il est orgueilleux et inconscient, mais courageux devant la douleur.

Achevé d'imprimer en Espagne par Cayfosa
Dépôt légal: Septembre 2013
Collection n°20 - Edition: 02
16/0886/8